평범한 수험생들을 위한 가장 현실적인 공부방법론

황남기

스파르타 공부방법론

PREFACE

머리말

수험생은 합격을 원한다. 역설적이지만 대다수 수험생은 합격에 필요한 공부를 하지는 않는다. 학원이 시키는 대로 강의를 듣기도 하고 잘못된 고집으로 자신만의 방식으로 공부하기도 한다. 잘못된 길이라면 아무리 열심히 걸어도 목표점에 이르지 못하는 것은 당연지사이다. 내가 가는 길이 제대로 된 길인가? 합격이라는 목표점에 이르는 길인가?

우리는 제약된 시간 속에서 공부한다. 그래서 효율성을 추구해야 한다. 공부해야 할 양은 많고 시간은 많지 않다. 그래서 더욱 효율적으로 공부해야 한다. 수험도 모르고 자신이 수험에 적합한 사람인지 모르고 공부하면 효율성이라고는 찾아볼 수 없는 공부를 할 수밖에 없다. 시험은 경쟁이고 합격자 수는 한정되어 있다. 누군가 나보다 효율적으로 공부한다면 내 이름을 합격자 명단에서 찾을 수 없으리라는 것은 명약관화한 일이다.

사회의 압력으로 수험가에 발을 딛고 있으나, 어디로, 어떻게 달려야 합격이라는 목표에 이를 수 있는지 알지 못하는 수험생은 인터넷 작업에 속고 경품이라는 미끼에 낚여 의지 없이 부평초처럼 인생을 허비한다. 이런 수험생이 앉을 합격자의 좌석은 없다. 뛰기 전에 방향을 정확히 알고 뛰자. 뛰기 전에 당신보다 앞선 합격자들은 어떻게, 어느 방향으로 뛰었는지 알고 뛰자. 필자는 시험 시작부터 합격에 이르는 길을 걸었던 수많은 합격자들은 보아왔다. 합격자들이 어떤 길을 걸었고, 어떤 길을 걸었을 때 실패했고, 어떤 길을 걸었을 때 효율적으로 목표를 달성했는지 보아왔다.

이 책은 스파르타반 수험생을 상담하고, 그들과 함께 방법을 찾고, 또한 같이 걸으면서 실질적으로 확인해 본 공부방법론이다. 공무원 합격은 어렵다. 그리고 공부 방법을 제대로 아는 사람은 거의 없다. 그래서 잘못된 길로 가기 쉽다. 이 책이 공무원 시험을 준비하는 수험생들에게 바르고 효율적인 길을 안내해주는 지침서가 되기를 기대한다. 이 책은 열심히 공부해 합격한 수험생들과 지금도 합격을 위해서 공부하고 있는 수험생들과 함께 쓴 책이다. 그들에게 감사하고 그들의 밝은 앞날을 미리 축하하고 싶다.

황 남 기

CONTENTS

목 차

황남기와 시행착오없이 한방에 끝

제 1편

초보수험생을 위한 수험전략

1장
초보수험생들이 범하는 치명적 실수

시험시작 1년은 가장 합격가능성이 높은 시점이나 대부분의 수험생은 절호의 기회를 놓치게 된다. 초보수험생은 처음엔 의욕이 넘친다. 그러나 어디로 뛰어야 할지 방향감각이 없다. 여기로 뛰고, 저기로 뛰고. 열의를 가지고 열심히 한다. 그러나 열심히 한 대가로 손에 넣는 것은 거의 없다. 성과가 없으면 열의는 식어가고 긴박했던 생활은 느슨해진다. 정신을 차릴 즈음엔 6~7개월 시간을 허비했음을 알게 된다. 5개월을 마지막 발악을 해보지만 그 동안의 치명적 실수를 만회할 수 없다. 본능적인 발악 또는 희망 없는 시간 보내기일 뿐이다. 1년이 그렇게 지난다.

가장 뜨겁게 공부했고, 더이상 열심히 할 수 없이 공부했던 1년은 성과없이 그렇게 지나가게 된다. 이로 인해 수험생활의 비극은 시작되고 수험은 맥빠진 일상생활이 된다. 어디서부터 잘못된 것일까?

◌ 초보수험생이 범하는 치명적 실수 원인

1. 적을 모르고 나를 모르니 위태롭지 않겠는가?
2. 전략이 없었다. 전술이 없었다.
3. 정보가 없었다. 아니 정보의 홍수 속에서 정보를 선택할 판단능력이 부족했다.
4. 과도한 완벽주의를 가졌다.
5. 당신의 준거집단 수준이 너무 낮았다.
6. 성과없는 공부로 시간이 갈수록 의지가 약해진다.

1. 적을 모르고 공부를 하니 위태롭지 않겠는가?

손자병법에 이르기를 적을 알고 나를 알면 백 번 싸워도 위태롭지 않다고 했다. 수험생이 적을 모르고 자기를 모르면 백 번 시험 봐도 합격할 수 없는 것이다.

상담을 하러 온 수험생에게 묻는다.

「2013년, 2014년 기출문제는 풀어 봤냐」

「영어 점수는 몇 점이냐」

「2014년 지방직 영어는 몇 점 받아야 합격할 것 같으냐」

「니가 떨어진 이유는 무엇인 것 같으냐」

「너는 왜 문제를 틀리지」

2014년 지방직 7급 시험을 본 수험생들에게 물었다. 영어 몇 점 이상이면 합격할 수 있을까? 대부분 70, 80점이었다. 그러나 내 주변 합격생 4명 모두 신기하게도 영어 55점에 합격을 했다. 그렇다면 영어 55점 이상이면 합격에 지장을 받지 않았다는 것이다. 그런데도 영어 70점으로 불합격한 수험생은 영어 성적이 안 좋아서 떨어졌다고 생각한다. 적을 전혀 모르고 있고, 어느 선에 가야 합격할 수 있는지도 모르고 있다. 적을 모르니 제대로 된 계획이 있겠는가? 또 영어 성적은 어떻게 되냐고 물으면 대부분 수험생이 점수가 널뛰기 한다고 한다. '50점에서 80점을 오락가락해요.' 영어 성적이 몇 점일 것 같냐고 물어도 같은 대답이 나온다. 내 생각엔 영어 실력은 그대로인데 영어문제 난이도가 달라져 점수가 등락을 거듭할 뿐이다. 적도 모르고 자신도 모르니 합격의 날을 볼 수 있을지 의심스럽다.

일단 우리의 적은 무엇인가를 알기 위해 다음에 대해 답해보자.

- 7급 시험은 무엇인가?
- 7급 시험문제는 몇 과목인가?
- 7급 시험은 몇 문제인가?
- 7급 시험문제 양은?
- 7급 시험 시간은?
- 7급 수험생은 어떤 사람들인가, 아니 7급 합격생은 어떤 사람들인가?
- 어느 정도 공부해야, 아니 어느 정도 수준에 올라야 합격하는가?
- 합격자와 몇 번 만나 보았는가?

또한 수험학적으로 나는 누구인가를 알기 위해 다음에 대해 답을 해보자.

- 정말 합격하고 싶은가? 얼마나 절실한가?
- 합격생이 되고 싶은가? 수험생이 되고 싶은가?
- 합격을 위해 많은 부분을 포기할 수 있는가?
- 영어 성적은?
- 하루에 10시간 이상을 공부할 체력은 있는가?
- 이해력은? 암기 능력은?
- 경제적인 뒷받침은 있는가?

이런 질문과 고민 없이 합격하고 싶다는 막연한 생각으로 공부를 시작한다면, 합격은 영원히 잡을 수 없는 신기루일 뿐이다. 수험을 향해 몇 걸음을 걷게 하는 원동력이 될 수는 있으나 당신의 갈증을 해소해 줄 수는 없는 신기루일 뿐이다. 여러분은 그 신기루를 향해 걷다가 사막에 쓰러져 결국 죽고 마는 길 잃은 초심자가 될 것이다. 노련한 아라비안 상인은 사막을 알고, 자신의 체력을 알아, 사막 한복판에서도 위태롭지 않게 된다. 사막을 모르고 자신의 체력을 모르고 오로지 객기로 살다가는 사막의 끝을 보지 못하리라. 수험생은 사막을 건너야 하는 상인이다. 사막을 알고, 나침반을 준비하고, 자신의 체력을 준비해야 거친 사막에서 오아시스를 찾고, 마침내 사막을 무사히 건널 수 있다.

7급 공무원 시험은 무엇인가? 고등고시이다. 7급 공무원 시험은 더도 덜도 아니고 고등고시이다. 자기가 도전할 산의 높이도 크기도 모르고 덤벼들지 마라. 사법시험과 외무고시 폐지, 행정고시 축소, 변리사와 CPA 등 자격시험 응시자 축소, 현대 · 삼성 채용인원 감소로 고시에 갈 수험생들이 7급 공무원 시험으로 몰려들고 있다. 제발 일반수험생 기준으로 생각하지 마라. 합격 가능한 7급 수험생을 기준으로 생각해라.

2014년 7급 기출문제를 봐도 고등고시문제와 별 차이가 없다. 초등학교 수학문제를 풀면서 고등고시를 준비한다는 수험생이 많다. 초등학교 중간 · 기말고사를 준비하는 자세로 고등고시를 준비한다고 몰려들고 있다. 당랑거철(螳螂拒轍)의 무모함이라고 말할 수밖에 없다. 고등고시라 할 수 있는 7급 공무원시험을 저렇게 공부하나 생각해보면 한숨만 나온다.

7급 수험생도 당연히 9급 시험을 본다. 9급 수험생 전체는 수준이 매우 낮다. 그러나 9급 시험 합격생의 대다수는 7급 수험생이다. 그것도 7급에서 공부를 매우 잘하는 수험생이다. 9급 수험생이 되긴 쉬우나 9급 합격생이 되긴 매우 어렵다. 단순히 9급 수험생이 되고 싶거나 9급 수험생 중에서 공부를 잘하고 싶은게 아니라 9급 합격생이 되고 싶다면 나의 경쟁자는 상위 3%수험생이라는 걸 알고 공부하길 바란다.

7급 시험과 수능은 다르다. 수능은 4%면 1등급이다. 수능에선 100명 중 4등만 하면 된다. 그러나 7급 시험은 100:1이 넘고 4등하면 불합격한다. 4등하기도 힘들지만 4등하면 불합격하는 것이 7급 시험이다. 2등하면 뭐 하나. 불합격한다. 수능은 1등급 못 하면 대학을 낮추면 된다. 7급 시험은 1등 못 하면 낮출 곳이 없다. 7급 문제는 140문제이고 시험 시간은 140분이다. 영어 25분, 경제학 25분, 국어 20분, 한국사 15분, 헌법 10분, 행정법 10분, 행정학 10분, 답안 작성 20분 하면 남는 시간이 없다. 한치라도 실수하면 시간부족으로 결과를 볼 필요도 없이 불합격 한다. 140분 동안 쉬지 않고 문제 풀어야 하고, 화장실 가고 싶어도 못 간다. 100분 넘어가면 정신이 멍해진다. 그 와중에 시간에 쫓겨 정신없이 문제를 풀어야 한다. 제 정신으로 문제 풀 수 없다. 그리고도 80점 이상이 합격선이다. 이게 7급 시험이다.

- 문제는 고등고시 수준이다.
- 합격생은 고등고시 합격생 수준과 같다.
- 일반 수험생은 별 잡놈이 다 있다. 그렇지만 합격 가능한 수험생은 10% 이내이고 합격생은 1%에 해당해야 한다.
- 7급 시험은 7과목을 한꺼번에 쉬는 시간 없이 140문제를 풀어야 한다. 그래서 시험장에서 시간 배분이 매우 중요하다.
- 암기 과목은 한 문제당 30초 내로 풀어야 한다.
- 영어 TOEIC 900점이면 7급 시험에선 쉬울 때 70점, 어려우면 과락 나온다.

– 한국사 검정시험 1등급이면 공무원시험에선 쉬울 때 60점, 약간 어려우면 과락 나온다.
– 국어 비문학, 한국사 사료가 추가되고 있다.

적을 모르고 공부를 하니 위태로울 수밖에 없다.

그냥 합격이 목표였다. 6~7개월 밖에 안 남았는데 자기능력을 모른 채 바로 합격을 목표로 한다. 학원에 가서 상담을 해보니 종합반에 등록하고, 책을 모두 사라고 한다. 종합반 코스에 따라오면 무조건 합격할 수 있다고 한다. 철저한 관리가 가능하다고 한다. 누가? 어떻게? 관리한다는 걸까? 주어가 없다. 관리주체가 없다(학원이?, 강사가?). 원래 나이 먹은 수험생을 관리할 방법은 없다. 공부 잘하는 수험생을 모아 놓고 치열한 경쟁을 시키는 관리 밖에는 없다. 공부를 잘하고, 의지가 있는 수험생을 모을 수 있다면 경쟁심에서 열공하게 된다. 학원에서 공부할 의욕이 없는 어중이떠중이를 모두 받아들이고는 관리할 수 없다. 공부할 의욕이 없고 공부능력이 떨어지는 수험생을 어떻게 관리할 수 있는가? 없다. 나는 내 아들도 관리가 안 되더라.

학원이 말한 대로 학원 스케쥴에 따라 공부하고 학원이 관리를 잘하면 과연 6~7개월 만에 합격할 수 있을까? 결론부터 말하자면 '아니다'. 0.01%에 드는 수험생이라면 가능하다. 그런데 이런 수험생은 학원에 안 온다. 나머지 수험생은 안 된다. 참 아이러니하다. 합격할 수험생은 학원에 안 오고, 합격할 수 없는 수험생은 학원에 온다.

다음 사항을 점검해 보자.

– 지금 기출문제를 3회분 풀어보고 점수가 몇 점인지 확인해 보자

영어 85점, 국어 75점, 국사 80점 이상이면 6개월로 가능할 수 있다. 그렇

지 않다면, 6개월 내 합격하는 것은 불가능하다. 그러나 학원이나 강사한테 상담가면 무조건 강의수강, 책을 사라고 한다. 그러기 위해서는 열심히 한다면 6개월에도 가능하다고 한다. 이들은 당신이 원하는 답을 해줘서 일단 수강부터 시키고자 한다. 일단 카드부터 긁게 만들면 성공한 것이다. 여러분의 인생에 조금도 관심이 없다. 여러 학원을 돌아다녀보면 다 같은 상담결과가 나온다. '바로 수강하시오, 바로 모든 기본서를 사시오.'

가끔 이런 수험생들이 찾아오곤 한다. 6개월 만에 합격하려고 하는데 방법을 가르쳐 달라고 한다. '영어는 몇 점 나오니?'라고 물으면 영어문제를 푼 적이 없다고 한다. '국사 공부한 적 있냐?' 수능 때 선택과목이 아니었다고 한다.

그런데 도대체 어떻게 6개월만에 합격할 수 있다는 '근자감'을 가졌을까? 학원은 제시한 코스만 따라 오면 합격할 수 있다고 이구동성으로 말한다. 진짜 이 말대로라면 합격 못하는 수험생을 찾을 수는 없는 것이다. 그래서 '올해 합격은 불가능하니 다른 방법을 생각해.'라고 말하면 자신을 무시하냐는 식의 반응이 나온다. 학원이 불어넣어준 근자감은 수험생들을 ATM기기로 만들기 위한 성공적인 전략수행의 결과다. 내가 말해준 현실적인 질문은 수험생을 무시한 인격적인 모독일 뿐이다.

영어, 국어, 국사에 대한 능력은 하루아침에 키워지는 게 아니라 중 · 고등학교, 대학교를 거쳐 형성되어 온 것이다. 진짜 영어, 국어독해는 인생의 문제이다. 이를 6개월이나 1년 만에 뒤집을 수 있다는 것은 누가 봐도 말이 안 된다. 그렇다. 학원의 성공적인 전략수행으로 많은 수험생들이 실현 불가능한 목표를 세운다. 이로부터 3~4년 학원에 돈을 갖다 바치는 충실한 ATM기기는 완성되는 것이다. 부모에게는 등골브레이커인 ATM기기가 탄생한다.

처음 시작하는 수험생들은 중 · 고등학교, 대학교에서 형성한 공부능력은 완전히 사라지고, Reset을 통해 새로운 공부인생을 시작한다고 믿고 싶어 한다. 누구나 같은 출발선에서 출발한다고 착각한다, 아니 그렇게 믿고 싶어 한다. 그러나 이는 거짓이다. 중 · 고등학교 때 영어실력이 어디 가는가? 중 · 고등학교 때 잘못된 공부방법이나 습관이 어디 가는가? 내가 수험생을 보면 정말 천양지차의 수험생들이 같은 강의를 듣고 있다. 그러면서 모두 1년 안에 합격할 수 있다고 생각하고 있다. 나로선 참 신기한 일이다.

- 자신을 잘 알 때만이, 자신을 '냉철하게' 볼 능력이 있을 때 목표와 전략이 세워지고 합격의 길이 시작된다.
- 기출문제를 풀어보고 자기 점수를 정확히 알자.
- 결국 불합격하는 근본적인 이유는 자신을 모르고, 판단능력이 너무 부족해 잘못된 선택을 하기 때문이다.

2. 전략과 전술이 없다.

전략과 전술이 없다. 목표가 자신의 몸에 맞지 않는 옷이므로 목표를 달성하기 위한 전략이 없다. 이것 했다가 저것 했다가 시간을 낭비한다. 자기 능력을 무시하고, "국회 8급을 준비한다. 서울시 7급을 준비한다."는 둥 여기저기 손을 대보고, 책을 사고, 강의를 듣고, 시간을 낭비한다. 그리고 계속 목표를 바꾼다. 그러면 그 동안 공부한 것은 물거품이 된다. 정확한 목표가 없고, 전략이 없으니 귀중한 시간을 길에서 버리고 있다.

목표가 있더라도 어떻게 목표를 달성할 것인가에 대한 구체적인 전략이 없다. 예를 들어 목표는 1년 만에 7급을 합격하는 것이고, 전략은 12월까지 기본강의 수강이라고 해보자. 그리고 12월까지는 기본강의를 다 수강했다고 해

보자. 그러나 똑같은 강의를 똑같은 시간에 들어도 성과는 엄청난 차이가 있다. 100명의 수강생이 똑같은 강의를 듣지만 강의를 듣고 문제를 풀면 30점에서 100점까지 다양하다. 기본서 1회독, 기본강의 수강을 12월에 달성했다고 하더라도 30점을 받는다면 합격할 수 있는 걸까? 12월까지 전략적 목표를 달성한다면 최종 목표인 합격을 손에 쥐어야 한다. 그러나 12월까지 전략적 목표(1회 수강)을 달성해도 합격한다는 보장이 없다면, 이러한 전략이 무슨 의미가 있겠는가? 전략을 통해 최종 목표를 달성할 수 없다면 전략이 아니다.

상담 시에 "너 그 과목 몇 점이니?" 물어보면 "1회독은 했는데 모의고사를 안 풀어서 모르겠다."라고 한다. 그러면 1회독 했다 하더라도 합격에는 어떤 의미가 있을까? 2회까지 전과목 1회독의 전략은 무슨 의미가 있을까? 12월까지 전과목 1회독의 전략은 무슨 의미가 있을까? 최종 목표는 합격이고 합격을 위해선 합격점수를 획득해야 한다. 전략은 이 합격 점수를 확보하기 위함이다. 그렇다면 전략은 점수다. 점수목표를 달성하지 못한 1회독은 의미가 없다. 그냥 멍하게 강의듣고 1회독 했다고 합격이 도움이 되는가? 아니다. 12월까지 해당 과목을 몇 점 수준까지 끌어 올릴 것인가라는 전략적 목표가 있어야 한다. "12월까지 영어 80점, 문법 4문제 중 3문제 맞추기, 헌법 70점, 헌법 통치구조 정리"는 전략이 될 수 있으나 12월까지 영어 문법 1회독, 헌법 1회독은 전략이 될 수 없다. 이는 "전략이 있는 것이 아니라 1회독하면 되겠지 라는…" 막연한 바램일 뿐이다. 12월까지 1회독은 했다. 그러면 전략적 목표는 달성했다. 그런데 점수는 50점이다. 그렇다면 무슨 의미가 있는가? 전략적 목표를 달성하면 최종 목표를 달성할 수 이어야 전략이라고 할 수 있다. 예를 들어 경제학이 어렵다면 12월까지 "경제학 7급 기출문제 마스터, 7급 기출문제 섞어 놓았을 때 80점 이상"으로 전략을 세워야 하지 않을까?

3. 정보가 없었다. 아니 정보가 너무 많았다.

정보가 없다보니 인터넷에서 정보를 찾고, 그러다 보니 학원이나 강사들의 낚시질에 피싱 당하게 된다. 인터넷은 한마디로 작업세상이다. 여러 ID를 가지고 스스로 묻고 스스로 답하고 스스로 댓글을 단다. 자문자답 신공을 보여준다. 인터넷상 글은 한마디로 작업글이라고 단정해도 좋다. 인터넷에 올라간 잘못된 정보로 공부를 시작하다 보니 1~2년을 의미 없이 보내게 되고 장수생 대열로 들어가게 된다. 제대로 된 정보를 알고 싶으면 합격자들과 만나야 한다. 합격자들이야 학원이나 강사들과 다르게 과장 정보 · 허위 정보를 줄 필요가 없기 때문이다. 곳곳에 여러분을 ATM기기로 만들려는 의도적인 정보 흘리기가 있다는 것을 의식하지 않으면 어느 순간에 세뇌되고 만다. 수험생은 돈을 내고 그 대가로 장수생이 된다. 인터넷여론은 학원이나 강사가 알바를 풀어 1차로 조성하고 2차로 시간이 남아도는 공부할 의욕이 떨어진 장수생 그리고 개념 없이 말만 많고 공부 안 하는 수험생이 동조하는 댓글을 달아 형성된다. 공부 열심히 하는 수험생은 인터넷에 글 올릴 시간이 없다. 합격생 치고 인터넷에서 글 올린 수험생이 거의 없다. 인터넷을 통해 정보를 수집하는 것은 A학원에 가서 어떤 강의를 들어야 하나요? 하고 묻는 것과 같다. A학원이 B학원 강의를 추천하지는 않을 것이다.

시험이 끝나고 한 합격생이 인터넷에서 말도 안 되는 글을 읽고 너무 답답해서 글을 올렸더니 작업한다고 공격을 받아 상처를 입고 글을 내렸다고 한다. 내가 직접 그 합격생한테 들은 이야기이다. 작업하는 놈은 작업이고 직업이니까, 공격받아도 글을 꿋꿋이 올린다. 그러나 그렇지 않은 합격생이 글을 올렸다가는 작업하는 놈들이 벌떼처럼 달려들어 공격한다. 본인들이 작업하면서 상대방이 작업한다고 공격한다. 합격생은 상처를 입고 글을 내린다. 매달 수 억원을 인터넷 광고와 작업으로 쓰는 학원에서 고용한 작업맨들을 당할 수 없어, 수험생들이 읽어야 할 좋은 글은 없어진다. 인터넷에선 진실이 거짓이 되고 위선은 진실이 된다. 돈 많고, 작업하는 알바를 많이 쓰는 학원과 강사들이 이긴다. 공무원 수험가는 머니게임이 판친다. 돈 많으면 수강생이 많다. 수십억 원을 들여 광고하고 인터넷 작업하니 수강생이 모일 수밖에 없다. 가격을 내리고 수십억 원을 투자해 인터넷 광고해봐라, 수강생이 안 모이면 그게 더 신기한 일이다.

수험생의 수준에 강사의 수준은 수렴한다. 원천불가 수험생이 강의수준을 좌우한다. 합격 가능한 수험생 10%가 들을 강의는 없어지고 있다. 그 자리를 광고, 인터넷 작업으로 수강생을 모으는 강사가 채우고 있다. 악화가 양화를 구축하는 것이 노량진의 실상이다.

노량진 강사 중에는 정말 기본도 안 되어 있는 강사도 있다. 그리고 합격으로 끌어 줄 의사보다는 90% 원천불가 수험생을 대상으로 강의하는 강사가 대다수다. 90%를 대상으로 강의해야 큰 돈을 벌 수 있다. 수강생 수가 많다고 속지 마라. 이런 강의는 만점이 80점일 수 있다. 영어모강을 90점 받으면 실제 시험에선 70점 받는 수험생이 비일비재하다. 그러니 이런 강의 듣고 합격 할 수 있다는 것이 신기할 뿐이다. 연구 대신 인터넷 작업을 주로 하는 강사에게 기대할 게 무엇이 있겠는가? 잘못된 강사선택은 두고두고 후회할 일이다. 합격하려면 10%수험생을 위한 강의를 들어야 한다. 그러나 노량진은 합격 가능한 수험생이 수강해야 할 10%를 위한 강의가 없어진다. 합격할 수험생이 아니라 떨어질 수험생을 대상으로 해야 돈을 번다는 속설이 노량진에 현실화되고 있다.

당신은 인터넷 작업에 넘어가 거미줄에 걸린 먹잇감이 되고 있다.

4. 너무 완벽하려 했다.

대부분 수험생은 1~2년간을 강의 듣는다고 시간을 대부분 허비하게 된다. 좀 더 완벽한 이해를 해야 합격하겠다는 막연한 생각한 생각 때문이다. 이런 잘못된 생각으로 3년차가 되면 의지는 약해져 있고, 생활은 어려워져 있다. 마음은 혼란하고, 그 많던 자신감은 어디로 사라져 버리게 된다.

대학교 4년을 졸업하면서 전공과목을 제대로 아는 사람이 있을까? 그러면서도 1년 내 5과목~7과목을 제대로 알고 시험장에 가야 한다는 잘못된 생각이 장수생을 만든다. 학원 강의를 들어보면 강사들마다 자기 과목을 제대로 이해해야 한다고 말을 한다. 정말 맞는 말이다. 1년에 한 과목만 시험을 본다면 말이다. 강사에게 상담을 가면 뻔하다. "너는 이해를 못해서 점수가 그런거야 다시 기본강의를 들어." 그러나 강의를 많이 들어야 합격한다면 장수생들은 다 합격해야 할 것이다.

이해를 잘하는 대학교 교수들이 시험을 보면 몇 점이나 받을까? 행정학 교수는 행정학 60점, 행정법 교수는 행정법이 70점정도가 나올 것이다. 이해를 잘 해야 점수가 잘 나온다는 속설은 버려야 한다. 이해를 잘하는 장수생, 교수가 점수를 잘 받는 것은 아니다.

1년 만에 합격해서 나가는 수험생이 그 과목을 얼마나 알겠는가? 그 과목을 전부 이해했다면, 그렇다면 어처구니없다. 4년 전공을 해도 한 과목도 이해할 수 없는데 1년 만에 7과목을 이해할 수 있다면 그야말로 어불성설이다.

○ 일반적 속설

이해를 잘 해야 점수가 잘나온다.
▶ 점수가 안 나온 것은 이해를 못해서이다.
▶ 결론 : 이해를 높이기 위해 강의를 들어야한다.

위의 일반적 속설을 봤을 때 다음의 의문점들이 발생한다.

◌ 의문점

① 장수생들은 왜 합격을 못할까?
② 전공 교수가 점수를 잘 맞을까?
③ 1년만에 합격한 수험생이 정말 7과목을 이해했을까?

강의를 듣고 강사와 상담하면 '이해를 완벽히 해야 합격하는구나!' 라는 생각이 우리를 지배하게 된다. 그래서 기본서를 읽고 또 읽고, 기본강의도 여러 번 듣는다. 그러다 결국 문제 연습과 암기훈련은 소홀히 하고 시험장에 가게 된다.

수험생에게 요구되는 이해는 문제를 맞힐 수 있는 정도의 이해다. 암기를 용이하게 할 정도의 이해다. 필자는 사시 · 행시 · 외시 강의를 통해 우리나라에서 가장 뛰어나 학생들을 가르쳐 왔다. 그러나 법을 이해하는 학생은 없었다. 고시생을 대상으로 강의할 때 서울대 법대 학생들도 법을 이해 못해서 "너희들 바보냐?"를 입에 달고 살 정도였다. 암기를 위한, 비교를 위한 이해는 필요하다. 그러나 이런 이해도 머릿속에서 오래 남지 않는다.

"이해를 잘 해야만 합격할 수 있다"는 타당하다. 전제가 없다면 말이다. 「우리는 1년 안에 7과목을 이해할 수 없다. 한 과목을 이해하려고 해도 20년이 걸린다. 그러나 100점을 맞는데는 한 과목당 한달이면 족하다.」 이해해야만 된다는 잘못된 생각 때문에 진도가 안 나간다. 그렇지 않아도 진도가 안 나가는 수험생이 머리도 안 좋은데 이해하려하니 진도를 나갈 수 없다. 진도가 안 나가니 제풀에 지치게 된다. 또한 기본서 공부기간이 너무 길어 문제에 적응할 시간을 확보할 수 없게 된다. 우리는 왜 공부하는가?

「시험에서 100점을 받기위해서이다. 그 과목을 이해하기 위해서가 아니다.」

이해한답시고 시간을 낭비함으로써 장수생 대열에 참가하게 된다.

5. 당신의 준거집단 수준이 너무 낮다.

〈2013년 7급 국가직 시험 통계〉

직렬	계	90 이상 100 미만	80 이상 90 미만	70 이상 80 미만	60 이상 70 미만	50 이상 60 미만	50 미만	2013	
								합격선	합격인원
총계	43,857	10	734	3281	3928	1566	96	–	795
행정 (일반행정 : 일반)	22,158	5	377	1773	2023	896	56	81.42	252
행정 (선거행정 : 일반)	2,029		46	212	265	87	7	81.71	27
세무 (일반)	3,342		25	192	250	87	5	75.00	95
관세 (일반)	753		3	39	68	18		75.50	17
감사 (일반)	751	1	31	93	91	35		82.14	21
보호 (보호)	240		1	15	25	8	1	75.00	7
검찰사무	2,611	2	71	226	207	80	4	82.14	40
출입국관리	773		14	47	54	14		80.71	12
외무영사 (일반)	2,087	2	118	298	262	85	2	84.07	41

2013년 7급 일반 행정직의 Cut은 81.42점이었다. 응시생은 22,158명이었다. 75점 이상은 1,080명이고, 70점 이상은 2,155명이다. 75점을 기준으로 하면 응시생 중 5%, 70점을 기준으로 하면 응시생 중 10% 정도가 합격할 수 있는 수험생이다. 응시자의 90%는 70점미만으로서 합격이 원천적으로 불가능한 수험생이다. 2013년 7급 일반 행정직은 175:1이다. 175명 중에서 한명이 합격한다. 우리 주변을 둘러보면 합격할 만한 수험생은 없다. 그러다 보니 자연스럽게 우리의 비교집단 또는 준거집단이 합격이 불가능한 수험생이 된다. 이들과 비교해서 조금 열심히 하거나, 성적이 조금 나으면 합격할 수 있는 것처럼 착각을 한다.

최근 2014년 9급 국가직 시험 통계가 발표되었다. 일반행정직 응시자 21,012명 중 75점 이상이 957명으로 4.5%에 불과했다. 그중 10,024명이 과락이었다.

노량진에 몰려든 대부분의 수험생(90%정도)은 합격이 불가능하다. 나는 이들을 원천불가 수험생이라고 한다. 또는 ATM기기라고 한다. 뚜렷한 목표의식 없이 단순히 취업이 안 되니 공무원시험이나 봐 볼까 해서 학원가에 발을 내딛는다. 학원 작업에 코가 꿰어 6개월 좀 열심히 하면 되겠지 하고 공부하는 수험생이다. 영어시험 점수도 없거나 거의 과락수준이다. 이런 수험생이 우글우글하다 보니 합격수준에는 훨씬 못 미치면서 공부를 잘하고 있다고, 나름 열심히 하고 있다고 착각하는 수험생이 너무 많다. 노량진은 착각으로 사는 수험생이 너무 많다. 실질적인 공부도 안 하면서 열심히 하고 있다고 착각한다. 내가 보면 저렇게 공부해서는 합격할 수 없을 텐데 당연히 합격할 수 있다고 착각하는 수험생이 너무 많다. 운전면허 필기는 남들 하는 수준으로 공부하면 된다. 그러나 1%가 합격하는 7급 시험에서 남들 하는 수준으로 공부하면 합격할 수 없다. 보이는 게 다가 아니다. 공부를 잘하는 수험생은 따로 있다.

우리는 수험생이 되고자 공부를 시작한 게 아니다. 합격생이 되고자 공부를 시작했다는 것을 한시로 잊어버리면 안 된다. 10% 정도의 수험생은 공부할 능력, 공부할 의지가 일반수험생과는 비교할 수 없을 정도로 탄탄하다. 10% 수험생을 보면서 공부를 해야 자극도 받고, 수험생활의 열의가 유지된다. 그런데 우리가 만나는 수험생은 처음부터 합격이 불가능한 공시생이다. 딱 봐도 합격할 수 없음에도 오갈데 없다가 학원의 광고에 홀려서 들어온 비자발적 공시생이다. 그래서 이런 비자발적, 원천적으로 합격 불가능한, 합격 가시권에 들 수 없는 수험생과 비교해서 공부를 해서는 안 된다.

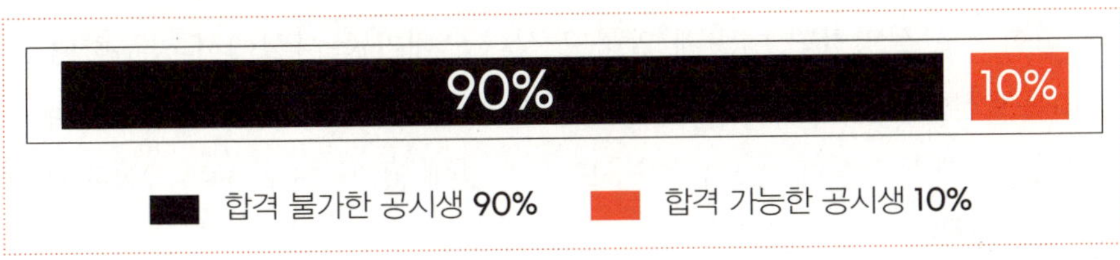

우리의 공부기준이 90% 공시생이어서는 안 된다. 10% 수험생 중에서도 합격생이 우리 공부기준이어야 한다. 대다수 90% 수험생과 같이 공부하고 있다. 매일 보는 수험생이 이런 수험생이니 이들을 기준으로 자신을 평가한다. '나도 꽤 하는 걸' 노량진을 봐라. 저녁마다 음식점과 호프집은 자리를 잡을 수 없고 독서실은 텅 비어 있다. 주인 잃은 책과 가방만 덩그러니 주인대신 자리를 지키고 있다. 이게 노량진의 실상이다. 노량진 선생과 학원, 원천적 합격 불가생이 만든 세상이다. 학원과 강사는 이런 수험생도 강의를 들으면 합격할 수 있다고 한다. 분명히 말하지만 내 강의를 들어도 이렇게 공부하는 수험생은 합격할 길이 없다. 돈을 벌기위해 열심히 공부하면 합격할 수 있다는 립서비스일 뿐이다. 수업을 들으라고 하면서 너는 공부해도 합격할 수 없어 라고 말할 수 없지 않은가! 학원과 강사의 노력과 엄청난 광고물량공세로 오늘도 노량진은 일천불기수험생들로 우글우글하다. 정말 어지러울 뿐이다. 이런 수험생들에게 아부하는 강사들을 보면 속이 미식 거린다. 너희들도 합격할 수 있다고 희망고문을 한다. 그건 희망일 뿐이다. 90%학생들에게 합격은 현실이 될 수 없는 신기루이다.

아함경에 보면 연기법에 대한 설명이 나온다.

「이것이 있으므로 저것이 있고 저것이 있으므로 이것이 있다. 이것이 없으므로 저것이 없고 저것이 없으므로 이것이 없다.」

수험학으로 설명하면 이렇게 말하고 싶다. "내가 독서실에서 공부하니 친구도 독서실에서 공부한다. 친구가 독서실에서 공부하니 나도 독서실에서 공부한다. 내가 독서실에 없으니 친구도 독서실에 없고, 친구가 독서실에 없으니 나도 독서실에 없다."

금요일 밤에 독서실에 가 보았더니 아무도 없다. 썰렁하게 공부하려고 했으나 공부가 손에 잡히질 않는다. 그래서 공부하다가 그냥 나왔다. 내가 독서실에서 나온 후 다른 친구가 독서실에 왔다. 혼자 공부하니 공부가 안 된다. 그래서 금요일 밤, 토요일, 일요일 노량진 독서실에 가보면 가방과 책들만 덩그러니 주인 대신 자리를 지키고 있다. 이런 공부환경에 공부가 잘 되는 게 신기할 일이다. 이런 환경에서 합격자는 사막에서 활짝 핀 꽃과 같이 찾기 힘들다.

2014년 스파르타반 7급 필기 합격자는 70명에 가깝다. 왜 그럴까? 내가 금요일 밤에 공부하니 친구도 공부하고, 내가 공부가 안 될 때 친구가 공부하니 나도 공부하게 되기 때문이다. 내가 공부하는 환경이 이렇지 않은지 생각해 봐라.

"내가 공부하고자 할 때 공부하는 이 없어 공부가 손에 잡히질 않네. 내가 공부하고 싶지 않을 때 공부하는 이 없어 공부가 손에 잡히질 않네. 내가 슬프고, 기쁘고, 즐거울 때 공부하는 이 없어 공부가 손에 잡히질 않네." 도대체 어느 때가 되어야 공부가 잘 될까?

원천불가 수험생이 준거집단이고 비교집단이니 합격선을 넘기 위한 공부를 하지 않는다. 원천불가보다 좀 잘하면 잘한다고 착각한다. 우물 안의 개구리다. 원천불가 90%에서 1등을 한들 합격할 수 없는 것은 매한가지이다. 그러나 그렇게 공부해서는 175:1에서 한 명이 될 수 없는 것은 뻔하다.

2013년 7급 일반 행정직은 175:1 이었다. 175명 중에서 한명이 합격했다.

여러분은 두 가지 선택을 할 수 있다. 90%에 속한 채 희망고문을 당하면서 ATM기기가 될 것인가? 아니면 대오각성해서 10%에 속하는 수험생이 될 것인지 선택하라.

6. 시간이 갈수록 의지가 약해진다.

의지와 시간은 반비례 한다. 처음에 공부하겠다는 의지는 뜨겁다. 그러나 점차 시간이 갈수록 의지는 약해지고, 생활은 흐트러진다. 초심을 유지할 수 있다면 누구나 합격할 수 있으리라. 뜨거운 마음은 점차 차가워지고, 합격에 대한 의지는 약해지고, 멍하게 학원 스케줄만 따라가면 어떻게 되겠지라는 생각만 든다. 왜 그럴까? 성과를 내지 못했기 때문이다. 성과를 냈다면 공부할 의지를 유지할 수 있다. 그러나 성과가 안 나오니 공부할 맛이 안 난다. 왜 성과가 안 나올까? 잘못된 생각, 잘못된 공부 방법, 복잡한 생활, 복잡한 생각들 때문이다.

1. 이해하기 전에는 페이지를 안 넘기겠다.
2. 기본서를 이해하기 전에 문제를 풀지 않겠다.
3. dumb and dumber와 자신을 비교한다. 그래서 잘하고 있다고 생각한다.
4. 자기 자신을 모르고 건방떨고 공부 잘한다고 착각한다.
5. 자신의 점수를 모른다.
6. 핸드폰을 손에 놓지 않는다. 수업시간에 공부하면서 문자를 보내고 있다.
7. 자신 · 친구 생일을 기억하고 챙긴다.
8. 목표도 불확실하고, 계획을 세밀하게 세우지 않았다.
9. 연예인 강사 강의를 듣고 위안을 받으려 한다. 연예인 강사의 말은 달콤하고 문제는 쉬워 힐링이 된다. 그러나 시험장에서는 멘붕이 된다.

성과가 나지 않는 공부를 했으니 공부할 맛이 안 나고 의지는 약해진다. 공부해야 할 이유도 모르겠고 공부를 더 해야 할지도 모르게 된다. 수험생이 직업이 되고, 독서실이나 학원이 직장이 된다. 수험생으로서의 정체성도 없어진다. 그냥 하루하루 생활을 할 뿐이다.

그래서 처음 공부할 때가 중요하다. 제대로 공부 방법, 제대로 된 공부 분위기 하에서 공부를 시작해야 성과가 나고, 성과가 나야 공부할 의지를 유지할 수 있다. 성과가 나서 합격이 분명하다면 의지가 오히려 불타오를 것이다.

불꽃이 강한 사람 옆에서 공부한다면 자신의 불꽃이 약해질 때 불꽃이 강한 사람을 보면서 불꽃을 다시 일으킬 수 있다. 근묵자흑(近墨者黑)이라. 누구와 공부하느냐가 너를 결정한다. 불꽃이 살아 있는 수험생을 찾아라.

너의 의지를 더 활활 태울 수 있다. 물론 열등감에 사로잡히고, 스트레스를 받아 좌절할 수 있다. 그런 사람이라면 어차피 합격할 수 없으니 수험공부하지 마라.

2장
초보수험생들을 위한 지침

1. 합격하려면 우선 합격할 수 있는 사람이 먼저 되자

誠者, 天之道也, 誠之者, 人之道也

하늘의 도는 誠, 그 자체라면 誠을 지향하는 것은 사람의 도이다. 정성을 다 기울이고, 다 기울여 마음에 올곧은 생각이 자리 잡고, 실천이 반복되면 하늘을 감동시킨다. 하늘은 무심하다고 한다. 무심한 하늘을 감동시킨다면 사람을 감동시키는 것은 일도 아니다. 합격할 수험생은 눈에 띈다. 낭중지추(囊中之錐)라고 말하지 않는가? 대충 시간만 채워 공부하는 사람과 열과 성을 다해 공부하는 사람은 다르다. 내가 보아도, 청소하는 아주머니가 봐도, 관리하는 직원이 봐도 합격할만한 사람은 보인다. 행동이 쌓여 밖으로 보이니 속일 수도 없고 감출 수도 없다.

誠은 不息과 致曲이다. 쉬지 않고 반복 반복함이 不息이다. 잘 정리하고 세밀한 차이를 비교하는 것이 致曲이다. 공부하는 시간에는 반복하고 또는 반복하고, 암기하고 또 암기해야한다. 책 덮고 암기하고, 밥 먹으면서 암기하고,

서서 암기하고, 걸어 다니면서 암기하고, 누워서 암기해야 한다. 그러면 어려운 내용도 선명하게 머리에 자리를 잡는다. 이를 不息이라 한다.

어중간한 노력을 해 놓고 열심히 공부했는데 왜 떨어졌을까하고 고민하는 수험생이 있다. 不息하지 않았기 때문이다. 不息이 24시간 내내 공부하라는 의미는 아니다. 공부를 하는 시간에는 제대로 공부해야 한다. 공부하면서 핸드폰 보고, 잡생각하고, 고민을 만들어서 고민하니 정성을 다했다고 할 수 없다. 항상 유사한 것을 비교하고, 그 차이점을 정리해 보고 문제에서 어떻게 다르게 표현되는지 고민해야 한다. 이를 게을리하고 致曲하지 못하는 것이다. 그러니 실수를 자주하고 원하는 점수를 얻지 못하게 된다. 누구나 합격을 희망하나 누구나 합격을 위한 정성을 다하는 것은 아니다. 여기서 합격과 불합격이 나뉘게 된다. 정성을 다해 공부해라 그리하여 공부하는 동료가 "나는 떨어져도 너는 떨어질 수 없으니 걱정하지 마."라는 평가를 받아라. 誠이 지극하여 하늘이 감동하고, 동료 수험생이 감동한다면, 불합격 할 수가 없다.

합격하려면 먼저 합격할 수 있는 사람이 먼저 되어야 한다. 합격할 수 있는 사람이란 정성을 다해서 사는 사람이다. 공부 방법을 제대로 아는 사람이다.

올바른 생각, 올바른 행동, 올바른 습관이 쌓이면 사람이 변하게 된다. 아침에 올 때 단어 하나라도 더 보고, 산책하면서 공부했던 내용을 머릿속에서 정리해보는 습관을 들여야 한다. 별것도 아니라고 치부할 수도 있다. 그까짓 단어 몇 개 아침에 외우면서 온다고 합격할 수 있겠는가? 하는 반문이 일어날 수도 있다. 그렇지 않다. 작은 변화가 모여 큰 변화가 생긴다. 천리 길도 한 걸음부터 시작한다고 하지 않는가? 한 시간 한 시간 정성을 기울이면서 사는 습관을 들일 때 새로운 사람이 된다. 합격할 수 있는 사람이 된다. '어떻게 공부하면 합격할까' 하는 추상적 질문 대신 단어 하나 더 외우고, 점심 먹으면서 헌법조항 하나 더 읽어보는 자세부터 갖추어야 한다. 이런 정성으로 사람이 바뀌면 떨어지려야 떨어질 수 없는 사람이 된다.

2. 공무원시험이 무엇인지 알아야 한다

知彼知己면 百戰不殆이다. 이는 전쟁에만 활용되는 것이 아니라 시험에도 통용된다. 일단 누가 합격할 수 있는 것이고, 공무원시험의 특징은 무엇일까를 알아야 한다. 그리고 자신이 시험에 적합한 사람인지 냉철하게 분석해봐야 한다. 사법시험 1차는 2016년이 마지막이다. 행정고시의 선발인원은 2017년부터 50% 감축된다. 외무고시는 폐지되었다. 매년 3~4만 명의 고시수험생이 사라진 것이다. 이들이 어디로 갈까? 7급 공무원 시험이 바야흐로 고등고시가 되었다. 고등고시를 보던 3~4만 명이 7급으로 흘러 들어오고 있다. 10년 전 사법시험 합격보다 7급 공무원 시험합격이 더 어렵다. 7급 공무원 수험생 수준은 10년 전 사법시험 수험생과 별반 차이가 없다.

그러나 선발 숫자는 더 적다. 이런 추세는 사법시험폐지, 행정고시감축, 대기업 신입사원 선발인원 감축으로 더 강화 될 수밖에 없다. 이러한 추세를 감지하지도 못하고, '좀 열심히 하면 되겠지.'하는 근거 없는 낙관을 하는 수험생이 여전히 많다. 知彼를 하지 못하니, 百戰完敗 할 수 밖에 없다. 또 하나 知彼하지 못한 유형이 있다. 행정고시나 사시를 보다가 7급 공무원 시험을 보는 수험생이다. 이들이 7급 공무원 시험을 합격하기는 매우 어렵다. 7급 공무원 시험이 무엇인지 모르기 때문이다. 막연히 열심히 하면 되겠지 착각하고 공무원 시험에 입문하지만 공무원 시험을 알지 못해 고배를 마시다가 끝내는 자신감을 잃고, 자기 자신의 능력에 대한 회의를 품게 된다. 知彼하지 못해 첫 단추를 잘못 끼운 것이다.

행정고시	7급 공무원
주관식	객관식
논점 - 과목당 150개 정도	논점 -과목당 5000 ~ 7000개 정도

행정고시는 논점이 과목당 150개 정도 밖에 안 된다. 그러므로 150개를 충분히 이해하고, 논리를 분석해서 글을 쓸 수 있어야 한다. 그러나 7급 공무원 시험은 과목당 논점이 5000 ~ 7000개이다. 그 논점은 행정고시 공부하듯이 이해하려면 과목당 10년을 공부해도 모자라다. 행정고시 공부했던 습관대로 7급 공무원 시험을 공부하니 진도도 안 나가고 미세한 부분에서 실수해서 원하는 점수가 안 나온다. 그래서 한번 두 번 떨어지다 보면 자신감을 잃게 되고, 공부할 의욕을 상실하게 된다. 그래서 의도하지 않았지만 장수생이 된다. 7급 공무원 시험은 객관식이고 각 과목당 쟁점이 행정고시보다 30배 이상 많다는 것을 명심해야 한다. 행정고시 공부방법을 빨리 버릴수록, 행정고시 공부습관을 빨리 포기할수록, 합격 시기는 앞당겨질 것이다.

3. 생활의 단순화

● 공부의 출발은 생활의 단순화이다.

공부의 파워는 생활의 단순화에서 나온다.

생활이 복잡하면 생각이 많아지고 생각이 많아지면 에너지가 분산된다. 생활이 단순화되야 마음이 단순해지고 마음이 단순해야 공부를 밀어붙일 힘 · 에너지가 생긴다. 고려 광종 때 부터 21세기까지 공무원시험 합격자의 공통점은 생활의 단순화이다.

◌ 생활의 단순화를 위한 지침

- 핸드폰OFF
- 자기생일과 친구 생일 기억OFF
- 친구들에 1년간 잠수탄다고 알리기
- 공부 시작시간과 공부 끝내는 시간정하기 (예 : 아침 8시 ~ 저녁 10시까지)
- 쉬는 날 정하기 (예 : 금요일 저녁 6시부터 토요일 3시까지)

단순한 것 같지만 지키기 어려운 것이 생활의 단순화이다. 의지와 결단이 필요하다. 지금 당장 실행하시 않으면 노량진을 벗어날 수 없다. 당신은 그냥 수험생이 될 뿐이다.

● **공부 장소 정하기**

공부 장소는 집 근처, 학교 도서관 등 집중이 잘 되는 곳을 선택하면 된다.

– 공부를 열심히 하는 사람들이 많은 곳에서 공부하는게 좋다.
– 토요일 · 일요일에도 공부하는 사람들이 나오는 곳이 좋다.

● **체력 기르기**

마음만 급해서는 안 된다. 체력단련은 공부 과목 중의 하나라고 생각하고 의무적으로 초반에는 체력단련 시간을 편성해야 한다. 체력단련이 어려운 수험생은 집에서 오고 갈 때 걷는 시간을 확보하고, 밥 먹고 꼭 산책하는 시간을 확보하자. 시험 날이 다가오면 운동할 시간은 없는데 체력은 떨어진다. 이때를 생각해서라도 체력을 기르자. 체력 기르기와 공부진로가 충돌할 때는 전자를 선택해야 한다. 체력 없이 합격 없다.

2. 전략적 목표와 계획을 세우자

자신의 영어실력 · 공부하는 능력을 객관적으로 판단해보자. 영어기출문제 3회를 풀어보고 점수를 매겨보자. 50~60점대면 영어만 공부해서 80점대(7급은 70점대)로 끌어올려야 한다. 언제까지 영어만 공부해야 하는가? 9급은 80점 나올 때까지 7급은 70점대가 안정적으로 나올 때까지 이다. 그 다음에 언제까지 어떤 목표를 세울 것인지 스스로 적어보자.

● 2015년 7급 수험생을 위한 기본 계획(예시)

	전략적 목표	교재(예시)	camp를 통한 기출문제 극복
7~8월	• 헌법 : 기본서 이해+기출문제 보기, 헌법강의 때 보는 모의고사 95점	• 황남기 헌법 • 황남기 기출	
	• 경제학 : 기본서 이해 + 7급 기출문제 마스터, 7급 기출문제 90점. • 영어 : 하루에 영어단어 50개 암기	• 이상근 경제학 • 이상근 기출	
	• 영어 : 하루에 기출독해 5문제, 기출문제 문법 마스터, 7급 기준 75점 안정적 점수 확보.		
	• 국어 : 국어 어법 마스터, 어법은 안 틀리기		
9~10월	• 행정학 : 기본서 이해 + 기출문제보기, +기출문제 기준 90점	• 김만희 행정학	• 9월 첫째 주, 둘째 주, 셋째 주 일요일 (아침9시~저녁10시) : 황남기 헌법 기출 camp • 장소 : 신림동 (차후 공지함)
	• 행정법총론: 기본서 이해 + 기출문제보기 + 모의고사 95점		
	• 영어		• 10월 첫째 주, 둘째 주, 셋째 주 일요일 : 이상근 경제학 기출캠프 • 장소 : 신림동
	• 국어		
11~12월	한국사 : 기본서 이해 + 기출문제풀기 +기출문제기준 85점		• 11월 첫째 주, 둘째 주, 셋째 주 일요일 : 황남기 행정법 기출 캠프 • 12월 첫째 주, 둘째 주, 셋째 주 일요일 : 김만희 행정학 기출 캠프 • 장소: 신림동
	행정법각론 : 기출문제 내 것으로 만들기 강의 시에 모의고사 95점		
2015년 1l~2월	• 경제학 10일 총정리 → 행정학 10일 총정리 → 헌법 10일 총정리 → 행정법총 • 각론 10일 총정리 → 국사 10일 총정리 • 취약한 부분 집중 문제 풀고 → 기본서 확인하기		일요일 캠프: • 1월 첫째 주, 둘째 주, 셋째 주, 넷째 주 국사 기출 캠프 • 2월 첫째 주, 둘째 주 행정법각론 기출 캠프
	영어 : 기출문제 내것으로 만들기		
	국어 : 기출문제 내것으로 만들기		
2015년 3~4월 셋째 주	4월 국가직 9급 대비		매주 일요일 캠프
5~6월	• 서울시 7급 대비, • 국회직 8급 대비		매주 일요일 캠프
7월	국가직 7급 대비		

● **전략적 목표를 세운 다음에 매일 매일, 매시간 단위로 공부계획을 짜보자.**

〈내가 만든 매일 진도표〉

○○월 ○○일 ○요일

시간	진도	확인 (○×△)	보충할 부분
7:30~8:30	국어 – 모의고사 스터디		
8:30~10:00	경제학 7회독 – 이상근 핵심체크 거시 + 모의고사 경기변동~경제성장론		
10:00~13:00	헌법 8회독 – 황남기 기본서 + 진도별 모의고사 청원권~헌법총론, 대한민국헌법총론 p.141~p.623		
14:00~18:00	헌법 8회독 – 황남기 기본서 + 진도별 모의고사 청원권~헌법총론, 대한민국헌법총론 p.141~p.623		
19:00~22:00	행정법 총론 9회독 – 황남기 기본서 + 진도별 모의고사 그 밖의 행정의 형식~정보공개 청구 p.438~p.548		
22:00~23:00	행정법 총론 9회독 – 황남기 기본서+진도별 모의고사 그 밖의 행정의 형식~정보공개 청구 p.438~p.548		

3. 강의를 왜 들어야 하고, 강의를 어떻게 이용해야 하는가?

강의는 공부할 범위와 방향을 제시해 준다. 많은 강사가 강의를 통해 공부할 내용을 확장하는데, 두꺼운 교재에 다시 공부해야 할 양을 늘려 수험생을 블랙홀에 빠지게 한다. 기본교재가 매우 두껍기 때문에 혼자 공부하면 진도를 뺄 수 없다. 그리고 무엇이 중요하고, 무엇은 그냥 읽고 넘어가야 하는지 알 수 없다. 강의는 수험생이 혼자 공부할 수 있도록 공부범위를 좁혀주는 기능을 해야 한다.

7급 수험생이 공부해야 할 최소 분량
기본서 : 1,000페이지, 기출문제 : 1,000페이지
2,000페이지×7과목 = 14,000페이지
14,000×3회독 = 42,000페이지

1년 365일 내내 공부한다면 42,000페이지를 읽을 수 있을까? 암기할 수 있을까? 모의고사, 최신판례가 추가되면 양은 늘 텐데 문제 연습은 언제하나. 그렇다. 1년 내 7과목을 공부하는 것은 불가능하다. 그러면 어떻게 1년 내 7급 공무원 시험을 합격할 수 있을까? 우리는 Impossible Mission에 도전하고 있는 것이다.

그래서 강사를 잘 만나야 한다. 우리는 설명을 잘해주는 강사가 좋은 강사라는 착각을 하고 있다. 그러나 1년 합격을 위해서는 내용을 줄여주는 강사를 찾지 않으면 Impossible Mission을 달성할 수 없다. 어떤 내용은 과감히 줄여주고, 어떤 내용은 정리해 주고, 비교해 주고, 어떤 내용은 그냥 암기하는게 좋다고 알려주어야 한다. 그렇기 때문에 1년 만에 수험생을 합격시키려면 강사가 정말 똑똑해야 하고, 예리해야 한다. 강사는 안해야 할 것, 해야 할 것, 출제자가 함정파는 방식, 정확한 함정지점을 알려 주어 수험생의 공부시간을 줄여주는 역할을 해야 한다.

중 · 고등학교 때같이 공부하는데, 자기보다 덜 열심히 한 친구가 성적이 잘 나와 좌절한 적이 있을 것이다. 그 이유를 그 친구가 머리가 좋아서라고 간단히 결론 내렸을 것이다. 아니다. 머리가 좋다기 보다는 판단능력이 좋다. 아

인슈타인은 머리가 좋지만 우리나라 중간 · 기말고사나 공무원 시험문제를 잘 풀 수 없다. 우리나라 중간 · 기말고사나 공무원 시험문제는 머리 좋은 것과는 무관하다. 그러나 판단능력과는 관계가 있다. 공부를 해야 할 것과 안해야 할 것, 암기해야 할 것과 그냥 읽고 지나 갈 것을 구별할 수 있는 능력은 성적과 밀접한 연관성이 있다. 중 · 고등학교 때 성적이 잘 나온 친구는 안해야 할 것을 안 하고, 해야 할 것을 했기 때문에 좋은 결과를 얻었다. 너는 안 해야 할 것을 열심히 하는 통에 해야 할 것 다하지 못했기 때문에 그런 결과를 얻었다.

무엇을 세밀하게 공부해야 하고, 무엇은 정리해야 하고 무엇은 암기해야 하고 무엇은 한번 읽고 넘어가야 하는가? 이것을 알려 주는 것이 강의이고, 기출문제이다.

- 안 해야 할 것을 하면 불합격하고, 안 해야 할 것을 안 하면 합격한다. 많은 수험생은 안해야 할 것을 열심히 공부한다. 그래서 합격과는 더욱 멀어진다.
- 빨리 합격하려면 설명해주는 강사가 아니라 강의를 통해 양을 줄여줄 수 있는 강사를 선택해야 한다.
- 빨리 합격하려면 편한 강사가 아니라 불편한 강사를 선택해야 한다.
- 너보다 훨씬 똑똑하고 예리한 강사를 선택해야 한다.

다음은 저자가 쓴 "황남기 헌법 · 행정법 강의 어떻게 들을 것인가?"라는 글을 읽고 생각해 보기 바란다.

황남기 행정법과 헌법 강의 어떻게 들을 것인가?

첫째, 기본강의를 들으면서 100점을 받아보자.

다 알고 100점을 받으려면 죽을 때까지 공부해도 100점을 받을 수 없다. 수강을 했으면 그 다음날 100점을 받는 것은 당연하다. 법은 어렵다. 법 문제는 쉽다. 법을 이해하기는 어렵다. 법 문제에서 100점 받기는 쉽다. 그래서 법 과목은 어떤 학생에게는 너무 어렵고 다른 학생에게는 너무 쉽다. 이는 수험 목적이 다르기 때문에 발생한다. "처음 기본강의를 들어보는 건데 어떻게 백점을 받을 수 있어요, 이해를 못하는데…"라고 반문을 할 것이다. 이러한 오해로 수험생은 미궁으로 빠지기 시작한다. 처음 수강하면서 백점을 받는 수많은 수강생을 보아왔다. 그 수험생들은 머리가 좋은가? 법학과 학생인가? 아니다. 수험이 무엇인지 아는 수험생일 뿐이다. 강의를 잘 듣고, 시험에 나오는 것이 무엇이고, 어떻게 출제될 것인지를 안다면 백점 받는 것은 당연하다. 법학을 이해하려면 물론 뛰어난 이해력이 필요하다. 그러나 이해력이 뛰어나지 못해도 백점을 받는 것은 어렵지 않다. 백점을 받는 방법을 먼저 알아야 백점을 받는다. 뛰기 전에 그 길이 합격에 이르는 길인가를 먼저 생각해 봐라.

둘째, 기본강의를 들으면서 오답노트를 작성해보자.

오답노트를 작성해 보면 자신의 문제점을 객관적으로 정확하게 알 수 있다. 병을 치료하려면 진단이 정확해야 한다. 100점을 받으려면 100점을 받지 못하는 원인을 정확히 진단해야 한다. 100점을 받지 못하는 원인을 분석하려면 수업시간에 보는 모의고사 문제를 풀어본 후 틀린 문제를 다시 보면서 왜 틀렸는지 그 이유를 오답노트에 써보자. 그 이유를 정확히 분석하고 반성할 때만이 그런 실수를 안 할 수 있고, 줄일 수 있다. 실수는 반복되고 틀린 문제는 또 틀린다는 수험가의 속설이 괜히 있는 게 아니다.

셋째, 강의를 들으면서 나오는 파트와 안 나오는 파트, 끝까지 읽어야 할 파트와, 한 번 읽고 버리는 파트가 어떤 파트인지 구별해 보자.

강의의 핵심은 '수험생이 교재에서 무엇을 봐야하고 어떻게 봐야 하는지' 알려주는 것이다. 수험서는 참 두껍다. 1년 만에 수험서에 있는 내용을 다 알고 시험장에 가는 것은 불가능하다. 그래서 수험강의의 핵심은 나올 문제를 예상해 교재 내용을 어떻게 공부할지 알려주는 것이다.

· 마지막까지 봐야할 내용
· 여러 번 읽어 볼 내용
· 한 번 읽고 지워야 할 내용

수험교재를 이해하고 가야 합격한다는 것은 누구나 말할 수 있다. 그러나 수험교재를 다 이해하고 시험장에 갈 수 있는가? 없다. 그래서 양을 줄여주고 이해할 것을 줄여주고, 암기해야할 것을 줄여주는 것이 강의이다. 그런데 강의 때 줄여주면 뭐하나. 다시 수험양을 늘리는 수험생이 대다수이다. 강의를 들어보고 강의를 이용할 줄 모른다. 그래서 합격할 수 있는 수험생은 얼마 안 된다.

넷째, 형광펜 좀 없애라.

나오지도 않는 내용을 계속 줄치고 그것도 예쁘게 정성껏 줄쳐져 있는 수험생들의 교재를 정말 찢어버리고 싶다. 이렇게 공부를 하니 복습시간이 오래 걸린다. 공부를 할 줄 몰라도 그렇게 모르는가? 내 강의에 한해서는 강의 때 설명해주고, 읽어주는 내용을 제외하고는 절대 공부해서는 안 된다. 형광펜으로 줄쳐서도 안 된다. 왜 수업시간 때 줄여준 내용을 다시 늘리는지 이해가 안 된다. 강의를 듣는 목적은 양을 줄이기 위해서라는 것을 명심해야 한다.

다섯째, 복습은 먼저 교재 날개를 외우고, 시작하자.

복습할 때 날개를 빨리 반복적으로 읽고 외우고 내용을 보자. 내용은 강의 때 같이 읽는 내용과 읽어보라는 내용만 보면 된다. 그리고 기출문제나 OX문제 둘 중 하나를 풀어보자. 그 다음에 틀린 문제나 잘 이해가 안 되는 부분은 교과서를 정독해야 한다.

여섯째, 정성을 기울여야 한다.

쌀이 우리 입으로 들어오기 전까지 많은 이들의 노력과 자연의 조화가 이루어져야 한다. 합격도 마찬가지이다. 비싼 수강료를 내고, 수업시간에 늦게 오고, 강의를 들으면서 핸드폰을 만지고 있으니 무슨 말이 필요할까? 그러면서 합격을 기원하고 있다니 가당치도 않다. 정말 연목구어(緣木求魚)가 따로 없다. 수업시간에 학생들을 보면 정말 가관도 이런 가관이 없다. 정성을 기울이지 않으니 결실이 없는 것은 불을 보듯 뻔하다. 무엇을 더 기대하는가? 꿈도 꾸지마라. 쳐다도 보지 마라. 입에 담지도 마라. 합격, 가당키나 하는 소린가? 세상이 바뀌었다고? 웃기지마라. 세상의 이치는 바뀌지 않았으니 정성을 다한 자만이 합격을 기대할 수 있다. 합격을 원하는 수험생은 정성을 기울여서 공부하고 마음에 잡것이 들어올 것을 경계하고 살아야 한다.

일곱째, 마음을 소박하게 가지고, 겉멋을 버려라.

마음이 소박하면 씨앗을 뿌려도 빨리 자라고, 열매도 크게 거둔다. 마음이 닫혀 있으면 씨앗을 뿌려도 뿌리를 내리지 못하니 말라죽게 된다. 수강을 하면 미친 척하고 시키는 대로 해라. 미친 척하고 시키는 대로 하면 점수가 나온다. 점수가 나오면 공부할 맛이 난다. 그러면 더 공부하고 싶어진다. 그래서 합격한다. 길을 가본 사람이 길을 아니까 안내한다. 어중간한 지식으로 판단하지 말고, 일단 시키는 대로 해봐라. 시험에서는 점수만 나오면 만사형통이다. 모르면 입을 닫는 것이 상책이고, 배우면 된다. 모르는 이들이 말이 많으며 어지러워진다. 많은 수험생들이 알지 못하는 것을 안다하고, 알지 못하면서 평가하고, 알지 못하면서 주장한다. 무엇을 위해? 왜? 말하는 것을 자존심으로 생각하기 때문이다. 수험은 비판적으로 접근하기 보다는 기존의 지식을 빨리 흡수하고 적응해야 한다. 그럼에도 대단한 공부하는 것처럼, 아는 것처럼 행동하려 한다. 겉멋을 버려라. 소박한 마음을 가져라.

4. 문제를 틀리는 이유를 정확히 알자.

왜 문제를 틀리는 걸까? 이는 사람마다 다르다. 분류를 해보면 4가지로 정리된다.

첫째, 이해 부족이다.	둘째, 암기 부족이다.
셋째, 실수다.	넷째, 시간 부족이다.

공부할 능력이 부족한 수험생은 이해부족으로 문제를 틀린다. 모의고사 문제 중 어려운 문제는 이해부족으로 틀리기도 한다. 이런 원천불가 수험생은 이 글 에서는 논외로 한다. 그러나 상위 10% 수험생은 실제 시험장에서 이해부족으로 틀리는 문제는 거의 없다. 정말 어려운 문제라도 그 문제를 넘지 않는다.

10%는 대부분 암기부족, 실수로 틀린다. 최근에는 문제의 양이 증가해서 시간부족으로 틀리는 경우도 있다. 시간부족과 암기부족, 실수가 결합해서 틀리는 경우도 있다.

암기가 명료하지 않으면 문제를 빨리 풀 수 없고, 문제를 빨리 풀지 못하면 시간에 쫓겨 실수하게 된다. 공무원 시험은 철저히 암기에 바탕을 두어야 한다. 또는 최근 문제지문이 길어지면서 교묘하게 단어를 슬쩍 바꿔 틀리게 만드는 문제가 자주 나오고 있다. 함정문제인데, 함정을 어디서 어떻게 파는지 알고 시험장에 가야 문제를 실수 없이 빨리 풀 수 있다. 출제교수가 40대로 바뀌면서 함정을 만드는 방법이 교묘해지고 있다. 40대 교수들은 신림동 전성시대 때 고시를 공부한 사람들이 대다수이다. 이들은 신림동에서 함정을 만드는 방법을 공부과정에서 익혔던 사람들이다. 문장을 길게 내면서 Keyword를 슬쩍 함정단어로 바꾸어 출제한다. 그냥 읽어 보면 틀린 내용을 찾을 수 없다. 문장이 길어지면서 교묘하게 함정을 파니까 적응하기 힘들다.

그러면 함정을 어디서 어떻게 파는지 어떻게 알 수 있는가? 기출문제와 강의다. 기출문제가 많기 때문에 어디서 함정을 파는지, 어떻게 함정을 파는지 알 수 있다. 기출문제를 보완해주는 것은 강의이다. 아직 기출은 없지만 예상문제를 통해 함정을 미리 경고해 주어야 한다. 훌륭한 강의는 함정을 어디서 어떻게 팔지 미리 사전에 경고해주는 강의이다. 적의 전술을 미리 파악하고 시험장에 간다면 쉽게 대응 할 수 있다. 백점을 받은 수험생들은 시험 끝나고 어떻게 문제 풀었냐고 물어보면 한결같이 이렇게 말한다.

" 그냥 풀었어요. 무슨 문제가 나왔는지 기억도 안나요. 정확히 알고 푼 것 없어요. "

이 말이 겸손일까? 아니다. 시험장에 생각할 필요 없이 답을 찍었으니까 생각이 안 난다.

왜 정답인가? 그 지문이 그냥 정답일 것 같아서 찍는 것이다. 그 말은 평소 때 문제가 어떻게 나올 것인지 연습을 많이 했다는 말이다. 문제 관점에서 교과서도 보고, 어디서 함정을 파는지 알기 때문에, 시험장에서 그냥 답이니까 찍은 것이고 끝나고 나면 무슨 문제였는지 생각이 안 난다. 시험장에서 생각한다는 것은 위험하다. 사고능력이 매우 제한된 상태에서 짧은 시간 내에 답을 찾아야 하는 상황에서 생각한다는 것은 오답을 찍을 가능성이 높다. 영어 독해도 그렇지 않은가? 한 눈에 답을 찾지 못하면 생각을 하고 시간을 끌게 된다. 그런 문제일수록 정답 가능성은 낮아진다. 암기 과목은 말할 것도 없다. 시험장에서 생각은 불필요할 뿐 아니라 위험하다. 시험장에서 우리의 능력은 충분히 발휘될 수 없기 때문이다.이것을 막으려면 문제에 대한 대비를 철저히 해야 한다.

문제관점에서 기본서 보기, 함정단어와 Keyword의 비교, 머릿속으로 정리해보기 등을 통해 문제 틀리는 습관을 고쳐야 한다. 문제 틀리는 것은 습관이고 병이다. 합격은 틀리는 이유를 정확히 아는데서 부터 출발한다.

틀리는 이유를 정확히 알고 또한 이를 없애기 위한 꾸준한 Training을 해야 한다. 그래야 시험장가서 문제 푸는 머신(machine)이 된다. 문제푸는 머신이 되려면 정확한 정리, 암기, 문제훈련, 시간을 재고 문제풀기, 정리가 안 되는 내용은 책을 덮고 머릿속으로 정리하기, 걸으면서 머릿속에 배운 내용을 떠올리기, 밥먹으면서 떠올리기, 누워서 자기 전에 떠올리기, 반복 · 반복, 훈련 · 훈련이 필요하다.

이승엽 선수가 배트를 휘두르는 방법을 모르겠는가? 이승엽선수도 추신수 선수도 배트에 피가 묻어날 정도로 휘두르고 있지 않은가? 당신은 무엇을 하고 있는가?

문제 푸는 Machine이 되자. 그렇게 되기 위해 정리, 암기, 문제 훈련을 끊임없이 하자.

5. 공부 잘하는 사람과 같이 공부하자.

곳곳이 폭탄이다. 스터디를 해도 폭탄이 여기저기 터져 나온다. 개나 소나 공무원 공부한다고 모여 있다. 최상위 클래스부터 공부를 해야 하는지 의심스러운 수험생까지 모여있는 것이 노량진이다. 전체 1등과 전체 300등이 같은 문제를 두고 강의를 듣고 같은 스터디를 한다.

그냥 노량진에서 생각 없이 스터디를 한다고 해보자. 누가 걸릴 것 같은가? 늦게 오고, 준비 안 해오고, 기본도 안 되어 있는 애물단지가 걸릴 가능성이 높다. 많이 잡아줘야 10%정도가 시험공부 할 만한 수험생이다. 90%는"넌 왜 여기에 있니"라는 말이 튀어나오게 만드는 묘한 재주를 가진 사람들이다. 돌려서 말하면 못 알아듣고 바로 말해주면 자존심 상해하는, 고집만 있는 사람들이다. '도대체, 왜 너는 여기에 있니', '누구를 위해 너는 여기에 있니', '밥은 먹었니, 부모님은 부자고?' 부모님 등골 브레이커이자 노량진의 유지를 위해 불철주야로 노력하는 현금인출기 90%가 노량진을 배회하고 있다.

이런 수험생과 거리를 둬라. 합격 가능한 수험생들은 끼리끼리 모여서 공부하자. 저들이 어떻게 공부하고 저들이 누구 강의를 듣는지 신경 쓰지 말자. 아니 저들이 듣는 강의는 듣지 말자. 강의수준은 수험생수준이다. 대다수 수강생이 수준이 낮으면 강사는 대다수 수강생에 맞춰서 강의할 수밖에 없다. 강의를 하는데 못 알아듣고, 강의를 못한다고 난리치고 인터넷 들어가서 욕하니 버겨 낼 장사가 없다. 그래도 돈 내는 수강생이오, 90% 수강생이 저러니 어쩌겠는가?

내가 알기로 모든 노량진 강의는 기초강의이다. 종합반도, 심화강의도, 모의고사도 기초강의이다. 왜? 어느 강의에서든 기초강의를 원하는 수험생이 90%이기 때문이다. 모의고사 강의가 안 된다. 왜? 모의고사를 풀고 있는 90% 수강생(원천불가 수험생)은 모의고사 문제를 풀 능력이 없다. 수강생이 200명이면 100명 정도가 답안지를 제출한다. 평균이 60점이다. 안 내는 수험생은 뭘까? 그래서 노량진강사는 모의고사 때도 10%수험생은 다 아는 기초강의를 또 한다.

모의고사는 80점대에서 100점대로 가기 위해 나의 취약점이 무엇이고, 그 취약점을 보완해 주는 강의이여야 한다. 그러나 모의고사는 기초강의일 뿐이다. 10% 수험생은 다 알고 있는 내용을 다시 들을 수밖에 없다. 왜? 원천불가인 90% 수강생이 원하기 때문이다. 강사는 90% 원천불가에 아부하고 영합하는 자들이다.

노량진 강사는 90% 팬들이 원하는 콘서트를 하는 연예인 일뿐이다. 그들이 좋아하는 대중가요를 계속 반복할 뿐이다. 노량진 강사는 인기있는 연예인이 되고 있다. 노량진 강사들은 아이돌 가수가 되고 사람 좋은 유재석이고 싶어 한다.

2014년 6월에 있었던 국회직 시험에서 합격한 수험생이 2014년 4월에 오전 경제학, 오후에는 헌법 모의고사강의를 들었다. 경제학 모의고사 강의를 들으러 갔더니 기초강의를 듣고 왔다고 한다. 그 이유인 즉 수강생들이 너무 모르니까 강사가 기초부터 설명을 하더라는 것이다. 이 강의를 왜 들어야하는지 강의듣는내내 고민을 하곤 했다. 오후 헌법시간에와서 매일 이런 말을 나에게 했다. "선생님 어떻게 해야 해요" 노량진 영어 강의를 들어보면 Be동사부터 설명을 한다. 안 해주면 수강생들이 욕한다. 강의 못한다고 한다. 노량진 영문법은 중학생 영문법이다. 좋다. 90%는 Be동사 설명이 필요하다. 그러나 10%는 필요 없다. 그러면 10%는 무슨 강의를 들어야 하는가?

노량진 모의고사 때는 80~90점인데 실제 시험에서는 60~70점을 받는다. 이런 모의고사 강의가 판을 치고 많은 수강생을 모은다. 이제 10%를 위한 강의는 천연기념물이 되어가고 있다. 이런 강사들이 돈을 벌어 작업맨들을 고용하고, 학원지원하에 인터넷을 도배하고 있다. 갈수록 인터넷 작업을 잘하는 90% 원천불가 수강생을 위한 강의만 활개를 치고 있다. 안타까운 것은 이런 강의로 인생이 낭비된다는 것이다. 현실적으로 이런 말을 하면 인터넷 상에서 공적이 된다. 노량진 강의는 원천불가를 대상으로 하는 강의이다. 이런 흐름을 나도 막을 수 없다. 어마어마한 광고와 인터넷 작업으로 세뇌된 90%를 감당할 수 없다. 10%학생들만이라도 정신 차리고 합격생을 배출하기 위한 수준 높은 강의를 들어야 한다.

누가 피해자인가. 합격 가능한 10% 수험생이다. 10% 수험생들은 이들과 섞이지 말자. 따로 모여서 진지하게 공부하자. 누굴 골라도 스터디 할 만한 사람들이 모여 있는 곳에서 공부하자. 공부 잘하는 비결은 공부 잘하는 사람과 같이 공부하는 것이다. 공부 잘하는 사람들과 공부한다면 닮게 된다. 공부 방법, 교재 · 강사 선택, 공부 자세를 자연스럽게 배우고 체득하게 된다. 공부 잘하는 사람과 공부해야 합격 할 수 있다. 합격하기 위한 첫걸음은 동료를 찾는 것이다. 공부 잘하는, 공부 제대로 하는 동료를 찾는 것이다.

2013년 스파르타반에 있었던 수험생 중 부천시 9급으로 근무하면서 2014년 국회직 8급, 서울시 7급에서 필기시험에 합격한 사람이 있다. 또 2013년에 부산시 9급에 합격해 근무하면서 서울시 7급에 합격한 수험생도 있다. 휴직하고 공부해서 합격하는 수험생은 많다. 그러나 근무하면서 7급을 합격하는 것은 매우 어렵다. 그럼에도 두 명의 2013년 스파르타반 출신이 공무원으로서 근무하면서 2014년 7급 시험에 합격을 했다. 그 이유는 무얼까? 준거집단 수준이 높기 때문이다. 2013년 같이 공부했던 수험생들이 다수 7급 시험에 합격했고, 그들이 공부하는 방법과 수준을 알기 때문이다.

연어가 태평양에서 미지에 가까운 출생지로 회귀하듯이, 합격 DNA가 형성된 수험생은 더듬어서라도 합격을 찾아온다. 땀 흘리면서, 고통을 참고 공부하는 DNA, 고통을 참고 공부하는 DNA, 합격의 맛을 아는 DNA가 합격으로 이끌기 때문이다. 이러한 DNA는 어떻게 형성되는 것일까? 민족 유전자처럼 집단을 통해 형성된다. 열공하는 집단 구성원끼리 끊임없는 상호 작용을 통해 형성된다. 공부하는 집단, 열공하는 집단의 구성원이 되어 새벽에 같이 문 열고, 별을 보면서 집에 돌아가는 생활을 같이 함으로써 몸에 깊게 깊게 형성된다. 잊어버린 듯하지만 DNA는 기억하고 있기에 잊어버린 길을 찾아 마음의 고향으로 돌아오게 된다.

히틀러 : 사람들이 생각하지 않는다는 것은 지도자에게 얼마나 다행스러운 것인가. 대중의 이해력은 매우 부족하나 잊어버리는 능력은 매우 뛰어나다.

처칠 : 모든 나라는 그 나라 국민 수준에 맞는 지도자를 가진다.

황남기 :
- 수험생들이 생각하지 않는다는 것은 연예인 강사에게는 얼마나 다행스러운가. 노량진 수험생들의 수준이 학원 강사 수준이다.
- 신림동이라면 수험생들이 쫓아낼 강사가 노량진에서는 버젓이 1등 강사가 된다.
- 신림동이라면 1등 할 수 있는 강사가 노량진에서는 쫓겨난다.

- 합격 수준을 넘겨주는 강의를 들어야한다. 설사 그 강의가 당신에게 어렵더라도 말이다.
- 합격하기 위한 첫걸음은 공부를 잘하는 동료를 찾는 것이다.

6. 암기를 해야 문제를 빨리 풀 수 있다.

이해냐 암기냐?

이해, 정리, 암기, 숙달 모두를 갖추어야 합격할 수 있다. 대부분의 수험생은 이해, 정리에 시간을 과도하게 투자한 나머지 암기와 숙달을 소홀히 한다. 이해를 위한 기본강의를 길게 가져가다보니 시간이 부족해 허겁지겁 기출, 모의고사를 풀고 마무리 정리를 못한 체 시험장에 가게 된다. 모래를 한 움큼 움켜쥐었지만 모래가 순식간에 빠져나간다. 마찬가지로 정리 되지 않고 암기 되지 않은 지식은 순식간에 머리에서 빠져나간다. 빠져나가기 전에 손에 쥔 모래를 그릇에 따로 옮겨놓아야 내 모래가 된다. 이해 한 지식도 정리와 암기를 통해 따로 옮겨놓아야 자기 것이 된다. 많은 수험생은 처음에 열심히 했지만 막상 손에 쥐는 것은 얼마 안 된다.

황남기 스파르타반에서 실시한 2014년 각 분야별 암기왕들은 모두 시험에 합격했나. 암기하지 않은 수험생은 합격할 수 없다. 강의를 들어 이해하는 목적은 시험장에서 문제를 풀기 위해서다. 매우 긴장된 상황에서 짧은 시간에 답을 찾으려면 암기와 숙달이 필요하다. 우리는 매우 불리한 조건 하에서 문제를 풀고, 답을 찾아야 한다. 따라서 정리 · 암기 · 숙달을 통해 기계적으로 문제를 풀 수 있어야 합격할 수 있다.

많은 수험생이 자기 실력보다 점수가 더 적게 나왔다고 한다. 잠도 잘 못자고, 감기에 걸렸고, 설사는 나오고, 컨디션이 너무 안 좋고 시간에 쫓겨서 문제 풀고, OMR카드를 바꾸고 해서 정신없이 시험을 치러 자기 실력에 비해 점수가 잘 안 나왔다는 것이다. 컨디션만 잘 유지하면 합격할 수 있었을 것이라는 결론이다. 과연 그럴까? 컨디션이 안 좋은 게 시험장에서는 당연한 상황이 아닐까? 그 상황에서 문제를 풀고 합격 점수를 받아야 한다는 것이 공무원 시험의 Mission이 아닐까? 정말 컨디션이 좋으면 내년에는 합격할까? 그렇게 생각한다면 공부보다 컨디션을 관리해주는 미용실, 체력 단련실을 알아보는 것이 나을 것이다. 비상사태는 일반화되고 있다. 국어 지문은 길고, 경제학 계산 문제는 많아 헌법을 10분 내 풀어야하는 비상사태는 일반화되고 있다. "10분 남았습니다." 하는 시험 감독관의 말을 듣고 헌법을 풀어야 하는 상황에 처할 수 있다. 일반적인 상황이다. 악조건 속에서 답을 찾아 합격선을 넘기는 것이 이 시험의 조건이고 Mission이다. 따라서 이해가지고는 불충분하고 이해가지고 문제를 풀 수 없다. 경제학! 이해가 필요한가? 두말할 필요 없이 그렇다. 이해가지고 충분한가? 두말할 필요 없이 불충분하다. 이해를 했다면 정리하고, 암기하고 문제로 숙달해야 한다. 숙달이 돼서 기계적으로 문제를 풀 수 있어야 한다. 이해를 했다고 하더라도 암기, 숙달하지 않았다면 계산 문제에 멘붕하고, 시간에 쫓겨서 멘붕하고 말 것이다.

2014년 스파르타반에서는 암기왕 선발대회를 개최해서 암기할 동기를 불러일으키려 했다. 혼자하면 하기 싫으나 경쟁하면서 하면 재미있고 적극적이게 된다. 스터디를 하더라도 암기왕 선발대회 스터디를 진행하는 것이 좋다. 반드시 점심 · 저녁시간, 출 · 퇴근 시간에만 공부해야 한다.

◌ 2015년 암기왕 선발 계획 예시

12월	첫 번째 주	헌법 조문
	두 번째 주	행정소송법 조문, 행정절차법 조문
	세 번째 주	행정심판법 조문
	네 번째 주	지방자치법 조문
1월	첫 번째 주	국회법, 국감법, 국회증언법 조문
	두 번째 주	한국사연표 중 근대사
	세 번째 주	한국사연표 중 현대사
	네 번째 주	한국사연표 중 고대사~통일신라
2월	첫 번째 주	한국사연표 중 고려
	두 번째 주	한국사연표 중 조선
	세 번째 주	한국사연표 전체
	네 번째 주	공익사업법
3월	첫 번째 주	헌법 조문, 국회법 조문
	두 번째 주	행정심판법, 행정소송법, 행정절차법
	세 번째 주	한국사 연표 고대사~조선 전기
	네 번째 주	한국사 연표 근 · 현대사

〈암기왕 대회 조건〉

- 반드시 짜투리 시간을 이용할 것.
- 점심 · 저녁 시간과 출퇴근 시간을 이용할 것.

암기를 적극적으로 하지 않는 한 이 시험을 끝낼 수 없다. 2013년 국회직에 합격한 수험생이 한 말이 기억난다.

"나는 이 시험이 암기 경연장인 줄 알았다"
이 학생이 당신보다 이해가 부족해서 이런 말을 했을까?

물론 암기하기 전에 문제가 나오는 방향을 잘 보고 암기 · 숙달해야 한다. 합헌적 법률해석은 말 그대로 법률해석이지 헌법해석이 아니다. 기억하라, 그리고 다음 기출문제를 보자.

① 합헌적 법률해석이란 법률이 외형상 위헌적으로 보일 경우라도 그것이 헌법의 정신에 맞도록 해석될 여지가 조금이라도 있는 한 이를 쉽사리 위헌이라고 판단해서는 안 된다는 헌법의 해석지침을 말한다.
② 합헌적 법률해석은 헌법재판소가 헌법과 법률을 해석 · 적용함에 있어서 입법자의 입법취지대로 해석해야 한다는 것으로 민주주의와 권력분립원칙의 관점에서 입법자의 입법권에 대한 존중과 규범유지의 원칙에 의하여 정당화된다.

국적이탈은 신고제이지 허가제가 아니다. 다음 기출문제를 보자.

③ 대한민국 국민이 미국의 시민권을 취득하면 이중국적자가 되어 국적법에 따라 법무부장관의 허가를 얻어 대한민국의 국적을 이탈하여야 대한민국의 국적을 상실한다.
④ 대한민국 국민이 자진하여 미국의 시민권을 취득하는 경우 그 시민권은 국적과 그 법적 성격이나 기능이 거의 동일하다고 할 것이어서 대한민국과 미국의 복수국적자가 되기 때문에 국적법 규정에 따라 국적선택을 하지 않거나 법무부장관의 허가를 얻어 대한민국의 국적을 이탈하여야 비로소 대한민국의 국적을 상실하게 된다.

위의 모든 지문은 틀린 지문이다. ②번에서는 '헌법과 법률을 해석 · 적용함'에서 헌법을 해석 · 적용이 틀린 내용이다. 합헌적 법률해석은 법률해석이다. 이를 알았다하더라도 정답을 찾을 수 있다고 단정할 수 없다. 시간에 쫓기는 시험장에서는 더구나 더 그렇다. 무엇을 느꼈는가? 알고 있는 것 가지고는 부족하다. 암기가지고는 부족하다. 출제 방향에 맞추어 정리하고 암기하고, 숙달해야 한다.

결국 암기가 안 되어 있으면 문제를 빨리 풀 수 없다. 공무원시험은 암기시험이다. 그 많은 내용을 어떻게 암기할 수 있냐가 문제될 뿐이지 암기 없이 공무원시험을 합격할 수 없다는 것은 재론을 요하지 않는다. 100문에 100문제, 140분에 140문제, 영어 문제를 풀고 마킹하는 시간을 제하면 몇 분이나 남는가? 암기과목은 문제당 30초이다. 그런데 최근 문제를 보라. 문장이 길어지고 있다. 이해는 암기를 위해 필요하고 암기와 문제훈련을 통해 문제를 푸는 머신이 되지 않으면 합격은 불가능하다. 그렇다면 암기 방법에는 무엇이 있을까?

첫째, 생활감각을 통한 암기이다.
둘째, 분석과 논리를 통한 암기이다.
셋째, 비교와 정리를 통한 암기이다.
넷째, 영어 단어식 암기이다.
다섯째, 두문자 암기이다.

내용에 따라 암기방법이 달라야 한다. 가장 많이 차지해야 되는 것이 생활감각을 통한 암기이다. 우리가 대한민국에서 출생하고 살아온 만큼 평균적인 대한민국 국민으로서 상식과 감각(common sense)를 가지고 있다. 법이나 판례는 그 시대를 살고 있는 평균인들의 사고, 감각에 보통 부합된다. 따라서 우리들의 생활감각을 통해 자연스럽게 암기하는 것이 가장 바람직하다.

생활 감각으로 알게 할 수 있는 판례를 굳이 논리를 통해 알고자 한다면 이는 시간낭비일 뿐이다. 논리를 이해하는 것은 시간이 오래 걸리고, 기억에 오래 남지 않는다. 논리를 이해하면 오래 남는다는 것은 잘못된 통념이다. 왜냐하면 논리를 잊어버리기 때문이다. 5과목-7과목을 하다 보면 그 과목, 그 내용을 할 때는 논리가 이해될 수 있으나 시간이 지나면 논리 자체가 기억이 나지 않으므로 오히려 논리를 이해했을 때 암기가 오래가지 않는다.

그렇다면 왜 이해, 논리를 통한 암기가 오래간다는 생각이 일반화되어있는가? 선생은 한 과목을 몇 수 십년 공부를 한다. 그 선생 입장에선 이해하면 암기가 오래 남는다는 말이 맞는 말이다. 아니 수십 년 같은 내용을 강의해 책을 안 봐도 이미 암기가 되어있다. 그러나 수험생은 한 과목을 몇십 년간 공부할 시간이 없다. 수험생은 7과목이나 5과목을 1년 안에 공부하고 시험장에 가야 한다. 따라서 수십 년간 그 논리를 반복하고, 반복할 시간이 없다. 강의 들을 때 이해한 내용도 한달만 지나면 머릿속에서 날아가 버린다. 논리와 분석을 통한 암기도 필요하다. 그러나 시간은 없고 공부할 내용은 많으므로 이해와 논리를 통한 암기는 최소화되어야 한다.

◌ 생활감각을 통한 암기방법의 예

헌법 행복추구권 판례
- 간통죄 : 합헌 (지금도 있으니까 위헌이면 없어진다.)
- 전경에 대한 시위진압명령 : 합헌(전경이 시위 진압하는 것 보는 지)
- 국산 영화 의무상영제 : 합헌(스크린 쿼터제 유지되고 있다.)
- 소유권이전등기 의무부과 : 합헌(세금을 걷어야한다.)
- 음주측정 의무부과: 합헌(매일 밤 경찰이 하고 있다.)
- 음주측정 거부자에 대한 면허 취소 : 합헌 (음주운전 교통사고 예방해 안 한다.)
- 이륜자동차 고속도로 운행금지 : 합헌(경부고속도로로 자전거나 오토바이가 안다닌다.)
- 요트조종면허제 : 합헌(자동차운전에 면허가 필요하듯 요트조종에도 면허가 필요하다.)
- 공중시설에서 흡연금지 : 합헌(웬만한 건물에서 담배 못 피운다.)
- 대마흡연금지 : 합헌(연예인들 대마 흡연하다가 TV나온다.)

두 번째, 중요한 내용이고, 다양한 각도로 출제될 수 있는 내용은 논리적으로 이해하고, 흐름을 잘 정리한 후 암기해야 한다. 중요한 판례 또는 국사에서 나오는 사상 간의 차이는 흐름을 잘 알고 정리한 후에 암기해야 한다. 예를 들면, 호락논쟁을 생각해보자 서울 사람들은 개방적이다. 그래서 외국의 문물 수용에 대해 적극적이다. 외국의 문물을 수용하려면 '외국은 오랑캐다'라는 생각이 없어야 한다. 따라서 人物性同論이다. 우리나라 사람과 청나라 사람이 다르지 않다. 모든 인간의 본성은 같다. 따라서 청나라나 서양이나 좋은 문물은 수입해야 한다. 그러나 충청도는 고집이 세다. 청을 오랑캐로 보고, 청의 문물수입에 대해 비판적이다. 따라서 人物性異論이다. 청이나 서양은 오랑캐다. 이런 오랑캐 문물을 수입해서는 안 된다. 따라서 북벌 · 척사론이 잘 어울린다.

주기호론(충청노론, 벽파)	주기낙론(서울 · 경기 노론, 시파)
人物性異論 ⇒ 聖凡心異論	人物性同論 ⇒ 聖凡心同論
· 북벌 · 위정척사론 · 신분제도 유지	· 북학사상 · 나중에 개화사상 · 노비제도에 대해 비판적

세 번째, 혼동할 수 있는 내용은 비교해서 정리한 후 암기해야 한다. 이를 위해서 먼저 정리를 해야 한다. 예를 들면 다음과 같다.

◌ 비교를 통한 암기의 예 Ⅰ

– 헌재결정 : 행정법의 법원(O), 공적견해(×)
– 확약 : 공적견해표명(O), 처분(×), 직무집행(O)
– 행정지도 : 공적견해표명(O), 처분(×), 직무집행(O)
– 반드시 문서로 : 계고(O), 행정심판재결(O), 청원(O), 처분(×)
– 고의, 과실 : 공무원의 직무상 불법행위(O) 손해배상(O), 행정형벌(O), 행정질서벌(O), 과징금(×), 징계(×), 가산금(×), 가산세(×), 영조물설치 · 관리하자(×), 영업허가 정지 또는 취소(×), 이행 강제금(×)

◌ **비교를 통한 암기의 예 II**

과태료, 가산금 5/100	세금 가산금 3/100
강제폐쇄, 강제 퇴거 :직접 강제	수거, 폐기, 보호조치 : 즉시 강제
안마사 의료법 시행규칙 : 위헌	의료법, 안마사법 : 합헌
일부공무원에 한해 구법을 적용하고 나머지 공무원의 개정법에 따라 세무사시험을 합격해야 자격을 주는 세무사법 : 신뢰보호 위반	세무사 법에 합격해야 세무사 자격을 부여하는 세무사법 : 직업의 자유 침해 아니다.

네 번째, 어느 정도 이해를 한 수 영어단어처럼 기계적으로 암기할 필요가 있다.

◌ **영어단어 암기식으로 암기하는 예 – I**

– 행정행위 취소의 취소는 유리한 것은 되살아나고, 불리한 것은 되살아나지 않는다. 여기에 따라 다음과 같이 기계적으로 암기 한다.
– 과세처분의 취소의 취소 : 과세처분은 살아나지 않는다. (불리하므로)
– 병역처분 취소의 취소 : 병역처분은 살아나지 않는다. (불리하므로)
– 운전면허 취소의 취소 : 운전면허는 살아난다. (유리하므로)
– 이사 취임승인 처분 취소의 취소 : 이사의 지위는 살아난다. (유리하므로)
– 광업권 취소의 취소 : 광업권 살아난다. (유리하므로)
– 이 경우 그 이유를 처음에는 강의를 통해 이해해야 하나, 그 다음에는 단순 암기해야 한다.

◌ **영어단어 암기식으로 암기하는 예 – II**

– 시효중단
압류물건을 못 찾은 경우 : 중단
과세처분이 취소되더라도 납입고지에 의한 소멸시효 중단 : 효력 유지된다.
과세처분 취소소송제기 : 부당이득 반환 청구권 소멸시효 중단
변상금 부과처분, 취소소송 도중 : 변상금은 받을 권리소멸시효 중단되지 않는다.
복수채권 중 행사하지 아니한 채권 : 중단되지 않는다.

◌ 영어단어 암기식으로 암기하는 예 – Ⅲ

– 입법부작위
5가지 입법부작위 (치과 전문의 ,군법무관보수, 평균임금, 사실상 노무에 종사하는 공무원의 범위) 만 헌법소원의 대상이 된다. 나머지 예를 들면 연명치료 중단 입법부작위, 주민투표법입법부작위, 개발 제한 구역 보상 입법부작위 등은 5가지에 해당되지 않으므로 헌법소원의 대상이 되지 않는다.

◌ 영어단어 암기식으로 암기하는 예 – Ⅳ

– 1종 보통면허와 1종 대형면허는 하나가 취소되면 나머지 면허도 취소된다. 그러나 특수면허는 별개이다.
– 1종 면허와 대형면허는 하나가 취소되면 나머지 면허도 취소된다. 그 이유를 강의에서 들어 이해할 수 있으나 한 달이 지나면 이해는 남지 않는다. 그러나 1종 보통면허와 1종 대형면허는 하나가 취소되면 나머지 하나도 취소된다는 내용은 끝까지 남게 된다.

머리가 좋은 수험생은 이해하지 않아도 암기를 할 수 있는 내용을 이해하지 않으려한다. 머리가 나쁜 수험생이 오히려 이해가 필요가 없는 내용까지 이해하려 한다. 전자는 이해할 수 있음에도 이해하지 않으려 하니 진도가 빨리 나가나 후자는 이해할 머리도 안 되면서 이해하려하니 진도는 안 나가서 제풀에 쓰러지게 된다.

다섯번 째, 두문자로 암기하자.

두문자 암기가 많아지면 두문자암기 그 자체가 암기가 안 되므로 두문자암기는 최소화 시켜야 한다. 공부하다 보면 자연히 암기되는 것을 두문자식으로 암기할 필요는 없다. 내가 보면 두문자암기가 지나쳐서도 독이 되는 경우가 많다. 두문자 암기는 최소화하자.

수험생들은 공부하다 자연스럽게 아는 행정행위유형을 1회독할 때 두문자로 암기한다. 이는 불필요한 암기이다. 공부를 하면 자연히 알 수 있는 것을 암기하는 것은 시간 낭비이고, 두문자식 종류만 많아 두 문자 자체가 암기가 안 되니 손해나는 일이다.

언제부터 암기해야 하는가?

1회독-2회독 할 때는 암기하려고 크게 노력할 필요는 없다. 목차나 주요 흐름 정도만 머릿속에 있으면 된다. 1회독-2회독시에 기출문제가 어떻게 출제되는가에 더 많은 관심을 기울여야 한다. 3회독 정도에 이르면 중요한 내용부터 암기하기 시작해야 한다. 암기는 지속적으로 꾸준히 이루어져야 하고, 생활화되어야 한다.

이해해야 하는가? 이해해야 한다.
이해해야 하는가? 이해해서는 안 된다.
암기해야 하는가? 암기해야 한다
암기해야 하는가? 암기해서는 안 된다.

7. 어떤 문제를 풀더라도 시간을 재고 풀자.

평소 연습이 당연히 시험장에서로 연결된다. 평소 천천히 문제 푸는 습관을 가지고 있다면 시험장에서도 마찬가지일 수밖에 없다. 한 문제를 풀고 천천히 해설을 보고 또 한 문제를 풀고 해설을 보는 식의 문제풀이 방법으로는 문제를 빨리 푸는 습관을 가질 수 없다. 우선 논리적으로만 따져 보자. 20문제를 10분에 푼다면 60분에 120문제를 풀 수 있다. 10시간이면 1200문제를 풀 수 있다. 그러나 보통 수험생은 헌법, 행정법 기출문제가 1500문제 정도인데, 보통 10일 정도가 걸린다. 이 방식은 비효율적일 뿐 아니라 잘못된 문제풀기 습관이다. 시간을 재지 않고 문제를 풀다보니 늘어지게 된다.

다음과 같이 해보자.

60분, 80~120문제를 빨리 풀어보고

60분, 정확히 모르는 문제는 체크하면서 교과서를 찾아본다.

60분, 80~120문제

60분, 문제 체크하면서 교과서를 찾아본다.

이런 방법을 반복하다보면 한다면 3일(하루에 8시간 기준)이면 기출 문제를 1회독 할 수 있다. 그리고 다시 좀 더 빠르게 1회독을 추가로 하자.

8. 당신은 수험생이 되고 싶은가. 합격생이 되고 싶은가? 스스로에게 답변해 보자.

누구나 어떤 계기로 공부를 열심히 하겠다는 결심을 하게 된다. 그러나 그 결심은 시간이 갈수록 무뎌지게 된다. 자극과 시간은 반비례하기 때문이다. 대부분 수험생의 책 선택, 강사 선택, 학원 선택을 난 이해할 수가 없다. 떨어지기 위해 최선의 노력을 하는 듯하다. 잘못된 선택이 중첩되어 합격과는 점차 멀어지게 된다. 공부방법도 정말 떨어지기 위해 저렇게 노력할 수가 없다는 방법만 선택한다. 저렇게 강사 · 공부방법을 선택하면서, 저런 자세로 공부하면서 합격을 바라는 것은 '연목구어'다. 나무위에서 물고기를 잡으려 한다. 그냥 어처구니가 없다.

성과 안 나오는 공부를 했기 때문에, 겉멋 든 공부를 했기 때문에, 이해한다고 학문하듯이 공부했기 때문에, 연예인 강사를 추종했기 때문에, 문제 중심 · 문제 관점의 공부를 하지 않았기 때문에, 성과는 나지 않았다. 스스로 불가능하다는 것을 잘 알고 있다. 누구보다 이를 잘 알고 있다. 그러니 공부할 의욕이 있겠는가?

재밌는 오락도 아닌 공부를, 합격할 수 없다는 것을 스스로 잘 알면서 수험생활을 제대로 할 수 있겠는가? 몸은 지치고, 마음은 힘들고 돈은 말라가고, 앞날은 보이지 않는다.

- 불합격하는 사람은 불합격할 수밖에 없는 모든 선택을 한다.
- 시험에서 슬럼프는 불합격하리라는 자기 예언이다.

제대로 된 공부방법에 따라 합격을 위해 공부해야 한다. 수험생이 되고자 하는 사람은 많아도 합격생이 되고자 하는 사람은 적다. 합격생은 달라야 한다.

당신은 수험생이 되고 싶은가? 합격생이 되고 싶은가?

단순히 수험생이 되기 위해 강사를 선택하고 원천불가 수험생과 공부하고, 토요일 · 일요일 쉬고, 핸드폰은 손에 들고 다녔으니 결과는 뻔하다. 팥 심은데 팥이 나지 콩이 나지 않는 것과 같다.

다들 합격하고 싶다고 하는데 합격하고 싶은 사람이 그래도 되는지, 그런 연예인 강사를 추종하고, 인터넷 들어가 글 남기고 그래도 되는지?
참 묘하다. 진짜 아리송할 뿐이다. 그리고 입으로는 합격생이 되고 싶다고 하지만 의식과 행동은 그냥 수험생이 되고 싶은 학생이 대다수이다. 합격생이 되고 싶으면 합격생처럼 사고하고, 생활하고 공부해야 한다.

정체를 확실히 해라. 합격생이 되고 싶은가? 수험생이 되고 싶은가?

그렇다면 달라야 한다. 그것이 아주 많이 달라야 한다. 공부하면서 매일 자신에게 물어보자.

나는 합격생이 되고 싶은가? 수험생이 되고 싶은가?

달라지고 싶은가? 핸드폰을 OFF하자. 공부 제대로 하는 동료를 우선 찾아라. 그리고 그 동료가 하는 방법대로 공부하고 생활하자. 다른 사람이 되어야 합격할 수 있다.

왜 합격할 수 없는가? 절실하지 않기 때문이다.

9. 기출문제를 빨리 보자.

기출문제를 잡는 시간이 빠른 수록 수험기간은 단축된다. 물론 기출문제를 가지고는 충분치 않다. 시험이 쉽게 나올 때는 기출문제로 커버가 가능하다. 그러나 최근 젊은 교수들이 출제위원으로 들어가다 보니 새로운 문제 유형을 내고 있다. 기출문제 범위를 벗어나지 않으나, 기출문제를 내는 문제 스타일은 다르다. 이런 경우 기출문제집만으로는 합격을 위한 충분한 점수를 받을 수 없다. 따라서 기출문제 관점에서 기본서를 봐야 한다. 다만 그 과목의 목표가 80점이면 기출문제로도 가능하다. 그 이유는 제2편을 참조하기 바란다.

- 합격이 과연 절실한가?
- 고집을 버리고 마음과 귀를 열어라
- 합격자를 많이 만날수록 합격에 가까워진다.
- 마음과 귀를 열고 합격자를 만나야 합격의 문을 열 수 있는 열쇠를 전달받게 된다.
- 합격자는 합격의 열쇠를 전달해주는 전령사다.
- 문제관점에서 기본서를 봐야한다.
- 자극을 줄 만한 사람과 같이 공부하고 있어야한다.
- 이해하라. 이해하지마라.
- 암기해라. 암기하지마라.
- 시험에 나오는 방향에 맞춰 정리하고, 암기해야한다.

황남기와 시행착오없이 한방에 끝

제 2편

기출문제
어떻게 공부할 것인가

기본서를 충분히 이해한 다음 문제를 풀어야 한다는 잘못된 생각은 파멸적인 결과를 가져온다. 사시는 공부기간이 길고 1차과목이 4과목에 불과하다. 또한 1차과목이 2차에도 있으므로 충분히 이해해야 한다는 말이 옳을 수 있다. 그러나 사시도 이해하고 합격할 수 없다. 더군다나 공무원 시험은 1년을 목표로 하고, 과목도 많다. 기본서를 여러 번 읽어 내용을 충분히 숙독하고 문제를 풀어야 한다는 말은 왠지 옳은 것 같다. 많이 들어본 내용이기 때문이다.

이런 잘못된 생각의 결과로 장수생 대열에 참가하게 된다. 1년의 대부분을 기본강의를 듣고 기본서를 보다가 문제를 풀 수 있는 시간이 없어 문제연습을 제대로 못하고 시험장에 가게 된다. 문제연습이 부족하면 시간 내 문제를 풀 수 없고, 실수를 많이 하게 된다. 공무원시험은 문제 푸는 머신이 되어야 합격할 수 있다는 것을 명심하라. 의심스러우면 공부하기 전에 2014년 기출문제를 출력해서 문제의 양을 확인해 보기 바란다. 난 정말 제대로 안다. 내가 성공적인 수험생이었고, 10년 넘게 사시 · 행시 · 외시 수험생을 가르쳐 왔고, 신림동 전성시대 때 10년 넘게 1등 강사였다. 그리고 노량진에서도 10년 넘게 강의를 해왔다. 나보다 이를 잘 아는 사람이 누가 있겠는가?

기존의 기출문제는 이번에 볼 시험의 기출문제이다.

기출문제는 추수하기 전의 논이고 학원모의고사는 추수한 후 낱알이 몇 개 떨어진 논이다. 낱알 몇 개를 줍기 위해 낱알이 주렁주렁 달려있는 논은 지나치고 텅 빈 논을 뒤지고 다닌다. 왜 이렇게 된 것일까? 수험생이 범하는 치명적 실수 때문이다. 기본서를 너무 오래 잡고 있다 보니 시간이 없고, 시간이 없다보니 두꺼운 기출문제를 대충 공부하게 되고 모의고사로 달려가게 된다. 그러나 노량진에서 모의고사 제대로 내는 강사가 거의 없다. 몇 명의 강사를 빼놓고는 이런 문제를 왜 내는지 이해가 안 되는 문제가 너무 많다. 그런 모의고사는 풀어봐야 시간 낭비이다. 그 시간에 기출문제를 푸는 게 낫다.

기출문제와 기본서의 앙상블

기본서와 기출문제는 바이올린 몸통과 활이다. 바이올린 몸통과 활이 따로 있으면 소리가 나지 않듯이 기본서와 기출문제는 따로 있으면 점수가 오르지 않는다. 대부분 수험생은 한참 바이올린 몸통만 두드리다가 나중에 바이올린 활만 열심히 만지작거리면서 '왜 소리가 제대로 나지 않을까.' 라고 생각한다. 기본서만 한참 공부하다가 나중에 기출문제를 대충 읽고 왜 점수가 이 모양이지 하고 생각한다. 우리는 왜 기본서를 보는 걸까? 기본서 중 어떤 부분을 강조해서 읽어야하는 걸까? 이 두꺼운 기본서를 다 읽어야만 하나? 여기에 대한 답은 기출문제에 있다.

기본서를 보는 이유는 객관식 문제를 풀기 위해서이다. 그렇다면 문제가 어떻게 나오느냐에 따라 기본서를 공부해야 한다. 더도 아니고 덜도 아니라 기출문제에 나온 내용을 중심으로 기본서를 읽어야한다. 그럼에도 기출문제와 무관하게 장시간 기본서 공부에 매진했다면 시험결과가 좋게 나올 수 없다. 대부분의 수험생은 기출문제 없이 기본서를 보다가 수험기간을 대부분 허비한다. 정말 안타깝기 그지없다.

기출문제 관점에서 기본서를 보아야한다. 아무리 기본서를 많이 보아도 안 풀리는 문제가 있다는 것을 빨리 알아차릴 때 공부는 합격의 궤도에 오르게 된다. 한 번 실험을 해보자.

그 과목의 공부범위와 방법은 기본서가 결정하는 것이 아니라 기출문제가 결정한다.

다음 법 조문을 10번 읽고 다음 장에 나오는 기출문제를 풀어보자. 물론 답이나 해설을 먼저 봐서는 안 된다.

행정심판법 제10조(위원의 제척 · 기피 · 회피)

① 위원회의 위원은 다음 각 호의 어느 하나에 해당하는 경우에는 그 사건의 심리 · 의결에서 제척(除斥)된다. 이 경우 제척결정은 위원회의 위원장(이하 "위원장"이라 한다)이 직권으로 또는 당사자의 신청에 의하여 한다.

1. 위원 또는 그 배우자나 배우자이었던 사람이 사건의 당사자이거나 사건에 관하여 공동 권리자 또는 의무자인 경우
2. 위원이 사건의 당사자와 친족이거나 친족이었던 경우
3. 위원이 사건에 관하여 증언이나 감정(鑑定)을 한 경우
4. 위원이 당사자의 대리인으로서 사건에 관여하거나 관여하였던 경우
5. 위원이 사건의 대상이 된 처분 또는 부작위에 관여한 경우

② 당사자는 위원에게 공정한 심리 · 의결을 기대하기 어려운 사정이 있으면 위원장에게 기피신청을 할 수 있다.

③ 위원에 대한 제척신청이나 기피신청은 그 사유를 소명(疏明)한 문서로 하여야 한다.

④ 위원장은 제척신청이나 기피신청의 대상이 된 위원에게서 그에 대한 의견을 받을 수 있다.

⑤ 위원장은 제척신청이나 기피신청을 받으면 제척 또는 기피 여부에 대한 결정을 하고, 지체 없이 신청인에게 결정서 정본(正本)을 송달하여야 한다.

⑥ 위원회의 회의에 참석하는 위원이 제척사유 또는 기피사유에 해당되는 것을 알게 되었을 때에는 스스로 그 사건의 심리 · 의결에서 회피할 수 있다. 이 경우 회피하고자 하는 위원은 위원장에게 그 사유를 소명하여야 한다.

⑦ 사건의 심리 · 의결에 관한 사무에 관여하는 위원 아닌 직원에게도 제1항부터 제6항까지의 규정을 준용한다.

① 행정심판 당사자는 행정심판 위원회의 위원에 대한 기피신청을 할 수 있고 이러한 신청에 대해 위원장은 위원회의 의결을 거쳐 기피여부를 결정한다. (O ×)

② 제척결정은 당사자의 신청이 있어야한다.(O ×)

③ 제척, 기피, 회피제도는 위원이 아닌 직원에도 적용된다. (O ×)

1번과 2번은 틀린 문제이고, 세 번째는 옳은 문제이다. 왜 그런지 모르는 수험생도 있을 것이다. 바로 눈앞에 두고도 그 이유를 모르는데 책을 덮고 알 수가 있겠는가? 기본서를 충분히 읽었다고 하더라도 정답을 찾는데 쉬운 문제도 있으나 어려운 문제도 있다. 정답을 찾기 쉬운 문제는 기본서를 알면 정답을 바로 찾을 수 있는 문제이다. 이 문제는 큰 문제가 되지 않는다. 그러나 기본서를 여러 차례 본다고 하더라도 정답을 맞힌다는 보장이 없는 문제가 있다.

기본서를 여러 번 보았고 바로 문제를 풀었지만 답을 찾는데 어려움이 있다. 암기과목은 80점까지는 기본서를 충실히 봤다면 문제를 풀 수 있으나 나머지 20점은 기본서를 충분히 보았다고 하더라도 정답을 찾는 다고 장담할 수 없다. 기본서를 충실히 봤다고 기출문제의 정답을 찾을 수 없다면 공부 방법을 다시 한 번 생각해 보아야한다. 기본서 공부에 6~7개월을 투자했는데 점수가 안 나온다. 시험일자는 다가오고, 어떻게 해야 하나? 이때 이것을 알아차리면 늦게 되는 것이다.

그렇다면 어떻게 해야 할까? 기본서와 기출문제집은 같이 진도를 나가야 한다. 기본서를 기출문제 관점에서 읽어야 한다. 문제가 어떻게 나올 것이냐를 염두에 두지 않은 기본서 공부는 낭비다. 시간낭비다. 기본서를 보면서 '이 내용이 이렇게 출제 되지'라는 감을 가지면서 기본서를 봐야 한다. 따라서 기출문제는 기본서를 1회독 하면서 병행해야 한다. 그러나 대부분 수험생은 기본서 보는 시간을 너무 길게 잡는다. 그것도 기출문제는 보지 않고 말이다.

우리는 객관식 문제를 풀기 위해서 기본서를 본 다는 것을 잊어서는 안 된다. 바이올린 몸통과 활을 같이 이용해야 아름다운 소리가 나온다. 마찬가지로 기본서와 기출문제를 같이 볼 때 아름다운 점수가 나온다.

수험생 유형

다음 법 조문을 여러 번 읽어 보고 어떤 문제가 출제 될 수 있는지 생각해 보자.

여러분은 아래 법조항을 여러 번 읽으면서 어느 단어와 문장에 관심을 두고 어느 내용을 더 공부해야 할 것이라고 느꼈는지 자신에게 말해 보기 바란다.

행정심판법 제27조(심판청구의 기간)

① 행정심판은 처분이 있음을 알게 된 날부터 90일 이내에 청구하여야 한다.

② 청구인이 천재지변, 전쟁, 사변(事變), 그 밖의 불가항력으로 인하여 제1항에서 정한 기간에 심판청구를 할 수 없었을 때에는 그 사유가 소멸한 날부터 14일 이내에 행정심판을 청구할 수 있다. 다만, 국외에서 행정심판을 청구하는 경우에는 그 기간을 30일로 한다.

③ 행정심판은 처분이 있었던 날부터 180일이 지나면 청구하지 못한다. 다만, 정당한 사유가 있는 경우에는 그러하지 아니하다.

④ 제1항과 제2항의 기간은 불변기간(不變期間)으로 한다.

다음 문제는 여러 번 출제된 기출문제이다.

문〉 처분이 있었던 날부터 180일은 불변기간이 된다.

행정심판법 조항을 보면서 법 제 27조 1항과 2항의 기간은 불변기간이고 법 제 27조 제 3항의 기간은 불변기간이 아니라는 것에 관심을 기울여야 한다. 그러나 많은 수험생이 불변기간의 개념에 관심을 많이 기울인다. 교과서를 찾아보고 지식검색도 해보고 시간을 허비한다. 그러나 불변기간의 개념은 출제되지 않는다. 따라서 불변기간 개념보다 불변기간이 어디에 적용되는지에 대해 관심을 가져야한다. 왜냐하면 기출문제가 그렇게 나왔기 때문이다.

공부의 범위와 방법은 기출문제가 결정한다.

다음 중 어느 학생이 가장 바람직한 학생인가.

예1

	A학생	B학생	C학생	D학생
'불변기간' 의미를 알고 있는가	×	O	×	O
정답을 찾았는가	×	×	O	O

위의 A, B, C, D 수험생중 어느 학생이 가장 바람직하다고 생각하는가에 대한 질문에 D수험생이라고 답하는 수험생이 많을 것이다. 만약 대학교라면 D수험생이 가장 바람직한 수험생이다.

그러나 우리는 5-7과목을 공부해야 한다. 이런 전제조건을 고려하면 수험학적으로 C학생이 가장 바람직하다. 개념도 잘 알고 정답을 맞추는 것이 바람직하지 않는가 하는 의문이 떠오를 것이다. 우리는 그렇게 생각하도록 계속 교육을 받아왔고 지금도 강의 때 개념을 제대로 이해해야 응용능력이 생긴다는 강사의 말을 듣고 고개를 끄덕이고 있을 것이다. 그러나 다음을 기억하자.

문제가 공부할 내용을 결정 한다.

어떤 개념은 개념을 묻거나 개념을 묻지 않아도 개념을 알아야하는 문제를 맞출 수 있는 경우도 있다. 그렇다면 개념을 알아야 한다. 그러나 불변기간의 개념을 물어본 문제는 아직까지 한 번도 출제된 바 없다. 앞으로 출제되더라도 불변기간의 개념지문은 옳은 지문으로 출제될 수 있을 뿐이다. 알아야할 개념이 많고 암기할 내용도 너무 많은 것이 공무원시험이다. 그러나 시간은 부족하다. 그러기 때문에 효율적인 공부를 해야 한다.

이에 반해 행정행위 개념은 철저히 분석해야한다. 왜 그런가? 행정행위 개념을 이용한 문제는 출제되고 있기 때문이다. 불가변력, 불가쟁력, 공정력의 개념은 이해하고, 비교할 수 있어야한다. 문제가 그렇게 출제되기 때문이다. 강의를 듣는 이유는 개념을 이해하기 위해서라기보다 무엇이 어떻게 출제되는지 알기 위해서이다. 문제가 출제되는 방향에 따라 수험생은 반응해야하고 공부할 내용과 범위를 결정해야 한다.

시간은 제한되어있고 공부할 내용은 많다. 시간을 효율적으로 사용하지 못한다면 1년 내 합격할 수 없다는 것을 명심하고 매 순간마다 어떻게 하면 최소시간으로 최대 효과를 낼 것인지 생각해야 한다. 다시 한 번 강조하건대 기출문제를 보면서 기본서를 공부하는 것이 효율적이다. 기출문제를 보면 출제방향을 알 수 있다. 문제가 출제되는 방향을 알아야 공부할 범위와 내용을 확정 지을 수 있다. 그래서 좋은 강사를 만나야 한다. 좋은 강사는 공부하지 않아도 되는 내용을 줄여주는 강사이다.

기출문제 언제부터 봐야 하는가?

기출문제는 기본서를 1회독하면서 같이 봐야 한다. 기본서를 충분히 본 다음 기출문제를 봐야 한다는 주장도 있으나 이러한 주장은 수험전략에 큰 차질을 가져오게 한다.

우리는 왜 공부를 하는가? 객관식문제를 풀기 위해서 공부를 한다. 그렇다면 객관식 문제 관점에서 기본서를 봐야 한다. 기출문제를 아는 것만큼 기본서는 보인다. 주관식이냐 객관식이냐에 따라 똑같은 기본서 내용을 보더라도 그 방법은 천양지차가 난다.

1회독 강의 수강 ▶ 간단한 기본서 복습(1시간) ▶
해당 기출문제 풀기(1시간) ▶ 기본서 재확인(1시간)

강의를 들은 후 기본서로 간단하게 복습을 한다. 4시간 강의를 기준으로 기본서 복습은 1시간 이내여만 한다. 그 후 해당 기출문제를 풀어본다. 다 이해가 안 되는 내용도 있을 수 있다. 이해 안 되는 문제는 기본서 내용이 어떻게 출제되었는지 가늠하는 정도로 보면 된다. 기출문제 양이 부담스럽다면 최신 3년간 기출문제만 보는 방법이나 홀수만 풀어보는 방법으로 진도를 나갈 수 있다.

*특히 경제학은 오로지 7급 기출문제만 보자.

기본서 내용이 기출문제로 어떻게 출제되었는지 체크하는 것이 기출문제를 보는 목적임을 기억하자. 기출문제를 본 후 기출문제 관점에서 다시 기본서를 정독하자. 공부의 성과를 못내는 중요이유 중의 하나는 기본서를 모두 이해하겠다는 엉뚱하고도 불가능한 생각에 사로잡혀있기 때문이다. 기본서를 모두 이해하는 것이 아니라 기출문제를 해결할 수 있는 정도로 기본서를 보면 된다.

기출문제를 떠난 기본서 공부는 효과를 낼 수 없고, 활 없이 몸통만 가지고 바이올린 소리를 내고자 하는 사람과 같음을 명심해야 한다.

기출문제 어떻게 봐야 하나? (2–3–2전략)

2일 기출문제 풀기 → 기출문제와 기본서 3일 정도 보기 → 2일 암기

실제 시험에서 헌법, 행정법, 행정학, 국사는 12분 정도 내에서 20문제를 풀어야한다. 12분에 20문제면 1시간에 100문제를 풀 수 있다.

2회독 할 때 시간을 재서 1시간에 100문제를 풀고, 모르는 지문을 체크한다. 하루에 10시간 동안 문제를 푼다면 1000문제를 풀 수 있다.

대부분 수험생들이 그걸 어떻게 하고 반문할 것이다. 그러나 「황남기 합격 camp」를 통해 1200문제 정도는 이틀 만에 풀 수 있다는 것은 입증된 바 있다. 한 문제 풀고 해설 보는 방식은 절대적으로 금지해야한다. 이 방식은 수험생들의 가장 잘못된 기출문제 보는 방식이자 가장 일반화된 방식이다.

국사처럼 기출문제가 많은 과목은 홀수 또는 짝수만 2일에 걸쳐 1회독 하는 방법을 선택하면 된다. 기출문제를 푼 후 기출문제와 함께 기본서를 다시 보면서 내용을 확인해야한다. 이때 중복되는 기출지문이나 기본서 내용을 알면

바로 답을 할 수 있는 기출지문은 삭제한다. 그 다음 2일에 걸쳐 기출문제를 다시 풀어보면서 암기할 것은 암기한다.

일주일에 걸쳐 기출문제를 보는 일반적인 기출문제 보는 방법은 시간도 오래 걸리고 내용도 끊긴다. 2일 걸쳐 기출문제를 1회독 해보면 기출문제내용이 연결되어 있고, 서로 비교할 내용 • 정리할 내용이 있음을 알 수 있게 된다. 이런 방법으로 기출문제를 풀면 속도감있게 문제 푸는 습관을 몸에 익혀 문제 푸는 머신이 될 수 있다.

일반적인 수험생 : 기출문제 10일에 걸쳐 풀어본다.
합격생 : 기출문제2일 → 기본서 + 기출문제 3~4일 → 기출문제 2일 암기

기출문제 반복하는 전략

기출문제 정답을 맞추었다고 그냥 넘어가면 안 된다. 정답이 확실한 문제다 보니 정답을 찾아낸 문제가 많기 때문이다. 그런 문제 중 확실히 알지 못하는 지문은 따로 정리 해두어야 한다. 최종 정리 때 빨리 볼 수 있도록 봐야할 지문을 잘 정리 해두는 게 좋다. 기출문제는 많이 볼수록 좋다. 많이 본 다음 답이 체크되어 있으면 같은 기출문제집을 사서 기출문제를 다시 풀어보는 것도 좋다. 이 때 문제 단위가 아니라 지문 단위로 체크해 놓아야 하고 이것을 따로 워딩을 하는 것도 좋다. 지문은 500~1000개 정도가 적절하다.

전 범위 기출문제를 출력해 풀어보는 방법도 좋다. 기출문제 교재는 진도별로 구성되어있다. 전범위 기출문제를 연도별, 시험별로 풀어보는 것은 기출문제집을 풀어보는 것과는 색다른 경험이 될 것이다. 물론 정답이나 문제

가 약간씩 수정되어있다면 더 좋은 기출문제 연습이 될 것이다. 전 범위 기출문제를 풀 때는 다음과 같이해 보자.

20문제 × 12분	20문제 × 12분	20문제 × 12분
20문제 × 12분	20문제 × 12분	⇨ **100문제 = 1시간**

한 시간 문제풀이, 한 시간 정리하는 방식으로 진행 할 수 있다.

기출문제는 몇 번을 봐야 하는가? 말 그대로 다다익선이다. 눈을 감고 어느 파트에서 어떤 문제가 나왔는지 알 수 있을 정도로 연습하자. 실제 계획을 세우고 시간단위로 계획을 이행했는지 체크하면서 기출문제를 공부하자. 10일간 기출문제를 1회독 하자는 계획은 있으나 마나한 계획이다. 시간 단위로 계획을 세우고, 실행했는지 체크하자.

전범위 기출문제를 풀자

기출문제를 여러 번 풀다보면 문제가 익숙해져서 생각 없이 답을 고를 수 있다. 이 때 기출문제를 전범위로 풀어 볼 필요가 있다. 전범위 기출문제는 마치 새로운 문제처럼 느낄 수 있다. 진도별로 풀었을 때 정답을 찾았더라도 전범위로 풀면 정답을 찾지 못할수도 있다. 전범위 기출문제로 된 문제집이 없어 고민한 나머지 최근 저자도 전범위 기출문제를 출간했다. 기출문제가 중요한 것도 재론의 여지가 없다. 따라서 전범위로 다시 기출문제를 풀어봐서 제대로 알고 있는지 확인할 필요가 있다.

기출문제로 충분한가?

기출문제만 봐도 되는가? 라는 질문을 많이 받는다. 결론부터 말하자면 부족하다. 최근 시험에서는 기존 기출문제를 벗어나는 문제가 심심히 많게 출제되고 있다. 법학과목의 경우 법학전문대학원이 생기면서 젊은 교수들이 대거 채용되어 출제진이 바뀌었다. 또한 과거에는 주류교수 몇몇이 교과서를 쓰고, 그 교과서에 따라 출제되는 것이 일반적이었다. 그러나 최근에 학문의 분권화 경향에 따라 기존교과서 틀에서 벗어나는 문제를 젊은 교수들이 과감하게 출제하고 있다. 학문의 발전에 따라 당연한 결과이다. 그러다보니 새로운 영역에서 출제되거나 기존 영역에서 출제되더라도 표현이 달라 수험생들이 대처하기 힘들다. 따라서 기출문제가 중요하나 기출문제로 충분한 것은 아니다. 2014년 기출문제를 보면 기존의 기출문제에서는 볼 수 없는 지문이 다수 등장했다는 것을 쉽게 알 수 있다.

황남기와 시행착오없이 **한방**에 **끝**

제 3편

합격선을 완전히 넘기 위한 전략

1. 왜 합격선에서 한두 개 더 틀릴까?

합격선이 82점이라면 1~2점 모자라서 떨어지는 수험생이 부지기수다. 1년 더 하면 1~2점 정도는 쉽게 넘길 수 있을 것 같은데 1년을 더 공부해도 계속 합격선을 아슬아슬 하게 넘기지 못한다. 어쩐지 2% 부족하다. 옆에서 지켜보는 사람도 안타까울 지경이다. 중 · 고등학교 때도 정말 열심히 하는데 성적은 10등 정도에 그치는 학생을 본 적이 있을 것이다. 대부분이 머리가 나쁘기 때문이라고 그 이유를 간단히 치부한다. 그러나 꼭 그렇지만은 않다. 아슬아슬하게 불합격하는 유형은 세 가지가 있다.

왜 아슬아슬하게 불합격 하는 걸까?

1. 제대로 열심히 안한 수험생이다
2. 열심히 했는데 판단능력이 부족한 수험생이다
3. 실력으로는 합격하고 남을 수험생이나 심리적으로 약해 스스로 무너지는 수험생이다

첫 번째 유형의 수험생은 열심히 공부하면 된다. 스파르타반 같이 열공하는 분위기에서 공부하면 합격할 수 있다. 마음만 제대로 잡고 공부한다면 좋은 결과를 낳을 수 있다.

두 번째 유형은 출제되지 않는 부분에 너무 많은 시간을 투자한 나머지 투

입 대비 산출이 신통치 않는, 비효율적으로 공부하는 수험생이다. 이런 수험생은 열심히 공부한다고 합격할 수 있는 것이 아니라 판단능력을 키워야 한다. 좋은 강의를 들어야 하고, 합격생이나 전문가와 상담도 해보고, 스스로 반성을 해보고, 공부하면서 이 부분에 얼마나 시간을 투자해야 효율적일지 생각하면서 공부해야한다.

세 번째 유형은 초반에 공부를 밀어붙여 점수를 미리 올려놓아야 한다. 예를 들면 2월까지는 합격점수를 올려놓아야 한다. 그리고 문제 푸는 속도를 높여야 한다. 7급 시험이 140분이 아니라 120분이라고 생각하고 문제 푸는 훈련을 해야 한다. 이런 유형은 심리적으로 약해 시험보는 달에 공부가 손에 안 잡히고 시험장에서도 불안으로 실력을 발휘하기 힘들다. 그래서 뭐든지 일정을 빨리 해놓아야 된다. 그리고 가급적 시간이 걸리더라도 시험 보는 달에 볼 암기노트를 잘 만들어 놓아야 한다.

2. 10등 수험생이 더 공부해도 1등을 할 수 없는 이유는 고로케와 소보로빵을 만들기 때문이다.

신림동에 빵집을 개업한 황당해씨는 고민을 했다. 단팥빵을 찾는 손님이 늘었기 때문이다. 그래서 제빵사 한명을 더 채용을 하기로 했다.

	고로케빵	소보로빵	단팥빵
팔린 빵의 개수	0개	50개	50개
생산한 빵 개수	50개	50개	50개
수요조사 결과	0개	50개	200개

이번 채용한 제빵사는 매월 총 150개의 빵을 생산 할 수 있다. 황당해씨는 제빵사에게 고로케빵 50개, 소보로빵 50개, 단팥빵 50개씩 생산하라고 지시

했다. 제빵사는 다음과 같이 빵을 만들었다.

	고로케빵	소보로빵	단팥빵
전월 생산량	50개	50개	50개
제빵사 한명을 더 고용한 후 생산량	100개	100개	100개
수요	0개	50개	200개

월말에 조사해보니 고로케빵은 100개를 폐기했고, 소보로빵은 50개를 폐기했고 단팥빵을 찾는 손님 100명은 빵이 없어 돌아갔다.

황당해씨의 결정은 정말 황당하다. 다들 황당해씨를 바보라고 할 것이다. 그러나 대부분의 수험생은 황당해씨와 같은 바보같은 짓을 반복하곤 한다.

- 출제될 수 없는 부분 : 고로케빵
- 더이상 시간을 투자하지 않아도 정답을 맞힐 수 있는 부분 : 소보로빵
- 시간을 추가로 투자해야 정답을 맞출 수 있는 부분 : 단팥빵

대부분의 수험생은 시간이 있다면 고로케빵, 소보로빵, 단팥빵에 시간을 똑같이 투자한다. 약간은 차이가 있어도 큰 범주에서는 이를 벗어나지 못한다. 황당해씨가 제빵사 한명을 더 채용했지만 추가이익을 얻지 못했듯이 대부분의 수험생은 좀 더 열심히 공부했지만 합격의 길은 아직도 머나먼 길일 뿐이다.

중 · 고등학교 때 성적이 10등인 수험생이 1년 안에 1등으로 성적이 오르는 예를 본 적이 있는가? 있을 수도 있다. 그러나 흔하지 않다. 아니 사실 매우 드물다. 왜 그럴까? 1등하는 법을 모르기 때문이다. 열심히 안 해서 10등을 했다면 할 말이 없다. 열심히 했는데 1등을 하지 못했다면 효율적으로 점

수를 올리는 방법을 모르기 때문이다. 2014년 합격선이 85라면 80점을 받은 수험생은 100명 중 10등 정도 했다고 볼 수 있다. 열심히 공부하면 2014년에 1등 할 수 있을까?

신기하게도 많은 수험생이 그럴거라 생각한다. 아니 그럴거라 막연히 희망한다. 10등이 1년 안에 1등하는 것이 드문 일이듯이 1년 공부 더 한다고 80점 수험생이 85점이 되는 것도 드문 현상이다. 만약 그렇다면 2~3년 공부해서 합격 못할 수험생이 어디 있겠는가. 1년 만에 5점씩 올리는 것은 어렵지 않은 일 아닌가?

1년차	2년차	3년차	4년차
75점	80점	85점	90점

그런 논리라면 1년 차에 75점 받은 수험생은 4년 차에 90점을 받을 것이다. 1년 동안 75점이나 올렸지만 2년차부터 1년 열심히 해도 5점을 올리는 것은 그리 쉽지 않다. 그게 쉬운 일이었으면 중 · 고등학교 때 누구나 1등했을 것이다.

중1	중2	중3	고1	고2	고3
80	85	90	95	100	?

왜 그럴까?

첫째, 생산성 체감의 법칙 때문이다. 동일한 시간을 투자해도 일정 점수가 올라가면 그 산출은 줄어든다.

둘째, 열정이 오래가지 않기 때문이다. 첫사랑의 열정은 뜨거우나 오래가지 않듯이 공부에 대한 열정도 식게 마련이다.

셋째, 고로케빵, 소보로빵을 만드는 데 시간을 많이 투자하기 때문이다. 시간을 투자해도 성과가 안 나기 때문에 제풀에 지치고 만다.

3. 무엇이 고로케빵이고, 소보로빵이고, 단팥빵인가?

판례) 전투경찰에게 시위진압을 명하는 것 (1995.12.28. 91헌마80)

1. 적법성 요건 헌법소원의 대상이 되며 다른 법률의 구제절차가 없는 경우에 해당한다.
2. 헌법상 국방의 의무에는 향토예비군설치법, 민방위기본법, 비상대비자원관리법, 병역법 등에 의한 간접적인 병력형성의무 및 병력형성이후 군작전명령에 복종하고 협력하여야 할 의무도 포함한다.
3. 다수재판관(기각의견) 국방의무 중 간접적인 병력 형성의무는 전투경찰순경으로 근무하는 것도 포함하므로 현역병으로 입영한 자를 전투경찰순경으로 전임시킬 수 있도록 한 것은 행복추구권 및 양심의 자유를 침해한 것으로 볼 수 없다. 또한 전투경찰대의 임무에는 대간첩 작전의 수행 뿐 아니라 치안업무의 보조도 포함하고 있으므로 전투경찰대원에게 시위진압을 명령한 것은 넓은 의미의 국방의무를 수행하기 위하여 경찰공무원의 신분을 가지게 된 청구인의 행복추구권 및 양심의 자유를 침해했다고 볼 수 없다.

위 판례는 소보로빵이다. 시간을 투자하든 시간을 투자하지 않든, 정답을 맞힐 수 있다. 대한민국 국민이면 전경이 시위진압하는 것을 많이 봤을 것이다. 따라서 시위진압 명령은 행복추구권 침해가 아니다.

판례) 이륜차 고속도로 통행금지 (2008.7.31.2007헌바90)

1. 직업의 자유침해여부 이 사건 법률조항은 이륜자동차 운동자가 고속도로 등을 통행하는 것을 금지하고 있을 뿐, 퀵서비스 배달업의 직업수행행위를 직접적으로 제한하는 것이 아니고, 이로 인하여 청구인들이 퀵서비스 배달업의 수행에 지장을 받는 점이 있다고 하더라도, 그것은 고속도로 통행금지로 인하여 발생하는 간접적 • 사실상의 효과일 뿐이므로 이 사건 법률조항은 청구인들의 직업수행의 자유를 침해하지 않는다.
2. 행복추구권침해여부 이 사건 법률조항은 이륜차의 구조적 특성에서 비롯되는 사고위험성과 사고결과의 중대성에 비추어 이륜차 운전자의 안전 및 고속도로 등 교통의 신속과 안전을 위하여 이륜차의 고속도로 등 통행을 금지하기 위한 것이므로 입법목적은 정당하고, 이 사건 법률조항이 이륜차의 고속도로 등 통행을 전면적으로 금지한 것도 입법목적을 달성하기 위하여 필요하고 적절한 수단이라고 생각된다.

이륜자동차의 헌법위반여부는 소보로빵이다. 경부고속도로에 이륜자동차인 오토바이 본적이 있는가? 없을 것이다. 만약 헌법재판소가 이륜자동차의 고속도로 운행금지를 위헌결정했다면 자전거와 오토바이가 경부고속도로에 넘쳐났을 것이다. 그러나 이륜자동차 고속도로 운행금지는 행복추구권의 제한이지 거주이전의 자유나 직업의 자유의 직접적인 제한은 아니다. 이를 정리하고, 반복공부가 필요하므로 단팥빵이다. 그러나 이 부분도 3~4회독 공부하고 암기하면 점차 소보로빵이 될 것이다. 이륜자동차 고속도로 통행이 금지되는 이유는 운전자의 안전 및 고속도로 교통의 신속성을 위해서이다. 법의 목적은 정당하고, 이륜자동차의 고속도로 운행금지는 목적달성을 위해 적절한 방법이므로 방법도 적정하다. 이러한 부분은 고로케빵이다. 그 이유를 다르게 물어볼 가능성이 없기 때문이다.

판례1) 검사구형에 따라 영장의 효력을 유지시키는 형사소송법 (1993.12.24.92헌가8)

구속영장의 효력을 법원의 재판이 아닌 검사의 구형에 의하여 좌우되도록 하고 있는 이 사건 법률조항은 영장주의원칙에 위반된다.

판례2) 법원의 보석허가결정에 대한 검사의 즉시항고 (1993.12.23.93헌가2)

1. 영장주의는 구속개시단계, 공판단계 등 구속의 전 과정에서 적용된다. 영장주의는 자유의 박탈, 허용, 그 해제여부의 결정은 오직 법관만이 결정할 수 있다는 원리다.
2. 이 사건 법률조항은 법원의 보석허가결정에 대한 검사의 즉시항고는 항고법원의 결정이 나올 때까지 법원의 보석허가 결정집행을 정지시키므로 검사의 즉시항고는 구속해제 여부에 대해 법원보다 검사를 우선시 하므로 영장주의에 위반된다.

판례3) 법원의 구속집행정지결정에 대하여 검사가 즉시항고 (2012.6.27.2011헌가36)

구속집행정지결정에 대한 검사의 즉시항고를 인정하는 이 사건 법률조항은 검사의 불복을 그 피고인에 대한 구속집행을 정지할 필요가 있다는 법원의 판단보다 우선시킬 뿐만 아니라, 사실상 법원의 구속집행정지결정을 무의미하게 할 수 있는 권한을 검사에게 부여한 것이라는 점에서 헌법 제12조 제3항의 영장주의원칙에 위배된다. 또한 헌법 제 12조 제 3항의 영장주의는 헌법 제12조 제1항의 적법절차원칙의 특별규정이므로, 헌법상 영장주의원칙에 위배되는 이 사건 법률조항은 헌법 제 12조 제1항의 적법절차원칙에도 위배된다.

판례4) 법원의 보석허가결정에 대한 검사의 보통항고 인정
(대판 1997.4.18.97모26)

개정된 형사소송법 제 97조 제 3항이 구 형사소송법 제97조 제3항에서 인정하던 보석허가결정에 대한 검사의 즉시항고권을 삭제하였으나, 개정된 형사소송법이 시행된 이후에도 검사가 형사소송법 제403조 제2항에 의한 보통항고의 방법으로 보석허가결정에 대하여 불복하는 것은 허용된다 할 것이다.

두 번째 판례 "1번 영장주의는 구속개시단계 ~ 원리이다"만 단팥빵이고 나머지 내용은 소보로빵이다. "법원의 보석허가결정과 구속정지결정에 대한 검사의 즉시항고는 헌법에 위반된다. 그러나 법원의 보통항고는 헌법에 위반되지 않는다. 검사의 구형에 따라 영장의 효력을 유지시키는 형사소송법은 헌법에 위반된다." 는 내용은 몇 차례 읽어보고 소보로빵이므로 2015년 7월에는 공부하면 안 된다. 그러나 두 번째 판례 1번은 7월에 다시 읽어 볼 필요가 있는 단팥빵이다.

판례) 공판단계에서 법원이 직권으로 영장을 발부하도록 한 형소법
(1997.3.27.96헌바28)

1. 헌법 제12조 제3항은 수사단계에서의 영장의 청구권이 (경찰이 아닌)검사에게 있다는 것을 강조하기 위한 것이지, 공판단계에서조차 검사의 청구가 없이 법관의 직권에 의한 영장의 발부가 불가능하다는 것을 의미하지는 않는다. 따라서 공판단계에서 검사의 신청이 없는데도 법원이 직권으로 영장을 발부할 수 있도록 한 형사소송법 제70조는 영장주의에 위반되지 않는다.
2. 공판단계에서의 영장발부에 관한 헌법적 근거는 헌법 제12조 제1항이다.
3. 법원이 직권으로 발부하는 영장은 명령장으로의 성격을 띠며, 수사기관의 청구에 의하여 발부하는 영장의 성격은 허가장으로의 성격을 띤다.

단팥빵

1. 검사의 영장발부신청 : 수사단계 (O) 공판단계(X) 모든 영장발부에 필요하다(X)
2. 검사의 신청에 따라 법원의 영장발부 : 허가장
   법원 직권으로 영장발부 : 명령장
3. 법원직권 영장발부의 헌법 근거 : 헌법 제12조 제1항(O) 헌법 제12조 제3항(X)

소보로빵

공판단계 법원 직권 영장발부를 규정한 형사소송법은 영장주의에 위반되지 않는다.

고로케빵

왜 수사단계에서는 검사의 신청이 필요하고, 왜 공판단계에서는 검사의 신청이 필요 없을까?

고로케빵, 소보로빵, 단팥빵을 어떻게 구별할 수 있을까? 이를 구별할 능력이 있으면 합격한다. 그래서 좋은 강의를 들어야 하고, 제대로 눈 뜬 선생의 강의를 들어야한다. 사이비가 많은 세상에 제대로 눈을 뜬 고수를 만나기 힘들다. 가짜가 진짜가 되고 진짜는 가짜처럼 보이는 것이 우리 사회이고, 대한민국이고 노량진 수험가이다.

1. 좋은 강의를 듣는다. 강의를 통해 강사가 설명하는 것을 잘 듣고 구별한다.
2. 기출문제를 마스터 한다. 기출문제에서 거의 맞히는 문제는 소보로빵이다. 기출문제에서 자주 틀리는 것은 단팥빵이다.
3. 책을 보면서 판단능력을 키운다. 결국은 자신이 끊임없이 생각하면서 판단하는 능력을 키워야 한다. 끊임없는 훈련을 통해 개안(開眼)을 해야 한다.

4. 70점 후반 이상이 나오는 수험생의 2014년 9~12월 수험전략

70점 후반으로 불합격한 수험생들 중 하반기에 공부하는 수험생들은 두 가지 유형으로 나뉜다.

첫째 유형은 다시 기본강의를 듣고 처음부터 공부를 시작한다. 1년간 공부했던 이익을 포기하게 된다. 1년간 공부한 수험생이 초시생과 똑같이 100m 출발선에 뛰는 것과 마찬가지다. 새롭게 시작하겠다는 마음자세는 좋으나 1년간 공부한 성과를 폐기하는 것은 비효율적 선택이다.

두 번째 유형은 1주일에 한 과목씩 회독을 돌린다. 회독을 늘리는 것을 목표로 한 나머지, 빨리 돌리다 보니 수박 겉핥기가 될 뿐이고 성적은 제자리를 벗어나지 못한다.

그러면 어떻게 할 것인가?

첫째, 2014년 7월에 한 달만 더 시간이 있었으면 이 부분을 공부했을 텐데, 그 부분을 공부하자.

둘째, 3회독을 하던, 6회독을 하던 동일한 점수가 나오는 영역과, 회독수를 늘릴수록 또는 시간투자를 늘릴수록 점수가 올라가는 영역을 구별하자. 소보로빵과 단팥빵을 구별하자.

셋째, 과목 간에도 마찬가지다. 시간을 투자하면 점수가 오르는 과목과 그렇지 않은 과목을 구별하자.

시험이 한 달이 남으면 한 달만 더 공부하면 합격할 수 있을 텐데 라는 생각이

들 것이다. 부족한 부분을 보충하면 합격할 수 있으나 시간이 부족해서 어렵다고 생각한다. 그러나 다시 1년을 줘도 마찬가지다. 그 다음 년도에도 시험 한 달을 남겨 놓고 똑같은 생각을 한다. 현명한 자는 실패를 통해 다시 실패하지 않는 방법을 배우나, 어리석은 자는 실패를 통해 다시 실패할 생활 습관만 익힌다.

어떻게 해야 되는가? 마지막 한 달에 이 부분을 보충해야겠다고 느꼈던 부분을 시험 끝난 후 공부해야 한다. 두 달 정도 부족했던 부분을 보충하자. 회독을 돌릴 때 회독 수에 너무 집착하지 말고 일정 회독수를 투자하면 점수에 변동이 없는 영역은 한 회독을 쉬어가자. 그리고 시간을 투자하면 점수가 오르는 영역엔 시간을 투자하자. 헌법을 예를 들면 다음과 같다.

1회독. 1순위 : 통치구조, 제도적 보장 => 시간투자
2순위 : 신체의 자유
3순위 : 헌법원리, 언론ㆍ출판ㆍ집회ㆍ결사의 자유
4순위 : 헌법총론, 기본권 충돌
5순위 : 사생활, 양심의 자유, 청구권, 사회적 기본권

시간이 없으면 1순위나 2순위만 집중적으로 공부하고 시간이 남으면 남은 순위내용을 공부하자.

2회독 : 처음부터 공부한다.
3회독 : 1회독과 같은 방법으로 공부한다.
4회독 : 2회독처럼 한다.

청구권, 사회적 기본권 영역은 3회독 정도만 하면 시간투자와 관계없이 일정한 점수가 나오나, 통치구조는 시간 투자와 비례해서 점수가 나온다. 그렇

다면 청구권, 사회적 기본권은 한번 쉬어가고, 통치구조를 차라리 2회독 하는 게 낫다. 2회독 차에는 처음부터 끝까지 공부하면서 청구권과 사회적 기본권을 공부하면 된다. 회독 수에 중점을 두기 보다는 부족한 부분 정리와 암기, 문제풀이에 집중해야 한다. 그리고 12월까지 몇 회독이 아니라 몇 점을 목표로 하자. 12월말 목표점수는 다음과 같은 사항을 고려하자.

첫째, 현실적으로 가능한 목표를 설정하자

둘째, 이 목표가 달성되지 않으면 합격할 수 없다고 생각되는 목표를 설정하자.

셋째, 3~4과목은 합격생이 받는 점수를 목표로 하자. 모든 과목을 합격점수를 목표로 해도 되나, 현실적이지 않은 목표를 세워서는 자신에게 실망을 줄 뿐이다. 그리고 2015년 최종 목표를 설정하자. 과목별 자신의 점수를 적어 놓고 책상과 모든 교재 앞에 붙여 두고 매일 아침에 보고 결심을 다지자.

과목별 목표 점수

2014년 12월 중간목표

과목	목표점수
국어	
영어	
한국사	
경제학	
헌법	
행정법	
행정학	

2015년 6월 목표

과목	목표점수
국어	
영어	
한국사	
경제학	
헌법	
행정법	
행정학	

5. 적극적으로 암기하자

암기의 중요성은 앞에서 거론했지만, 확실히 합격선을 넘기려면 암기를 정확히 해야 한다. 암기를 어중간하게 함으로 일정수준을 못 넘기는 것이다.

행정소송법에 반드시 신청을 요하는 것은 다음 중 몇 개인가?

ㄱ. 제3자의 소송참가
ㄴ. 피고를 잘못 지정한 경우 피고경정
ㄷ. 행정청의 사무를 승계한 경우 피고경정
ㄹ. 소 종류 변경
ㅁ. 처분변경으로 인한 소 변경
ㅂ. 집행정지
ㅅ. 이송과 병합 심리
ㅇ. 행정심판기록 제출 명령
ㅈ. 간접강제
ㅊ. 사정판결

반드시 신청이 필요한 경우를 암기하고 있어야 한다.
(반드시 신청이 필요한 경우는 ㄴ, ㄹ, ㅁ, ㅇ, ㅅ 이다)

국사연표로 처음부터 끝까지 암기하자. 영어단어 암기하듯이 국사연표로 암기하면 된다. 헌법조항도 중요한 내용은 암기해야 한다. 수험생들 대상으로 헌법조문 암기왕 대회에서 출제한 문제이다. 이 문제를 맞힐 정도로 암기하자.

다음 헌법 조문에 명문으로 규정된 것은 몇 개인가?

1. 사상의 자유 (×)
2. 대통령 선서문 (○)
3. 국회의원 선서문 (×)
4. 기본권이라는 단어 (×)
5. 알권리 (×)
6. 국회의원의 국무총리와 국무위원 겸직허용 (×)
7. 중앙선관위 규칙제정권 (○)
8. 감사원규칙제정권 (×)
9. 인사청문회 (×)
10. 대법관수 (×)
11. 헌법재판관수 (○)
12. 국회의 일반의결정족수 (○)
13. 국회의 일반의사정족수 (×)
14. 대통령 피선거권 연령 40세 이상 (○)
15. 대통령 국내 거주요건 5년(×)
16. 국회의원 피선거권 연령 25세 이상 (×)
17. 정부의 정보공개 (×)
18. 국회와 법원의 공개(○)
19. 저항권 (×)
20. 독과점규제 (×)
21. 환경보호운동 (×)
22. 소비자보호운동 (○)
23. 소비자권리 (×)
24. 한국은행독립 (×)
25. 지속가능한 개발 (×)
26. 국회의원 제명 정족수 (○)
27. 국회의원 무자격결정 정족수 (×)
28. 대한민국 영해규정 (×)
29. 국가의 환경 보전의무 (○)

다음 중 헌법개정을 필요로 하는 것은?

1. 국회의원 정수를 250명 (×)
2. 국회의원 정수를 190명 (○)
3. 위헌법률심판에서 추상적 규범통제도입 (○)
4. 법원의 재판을 헌소대상으로 하는 것 (×)
5. 위헌결정의 소급효 (×)
6. 한회기 내 의결되지 아니하는 의안은 폐기된다. (○)
7. 부결된 의안을 같은 회기 내 다시 발의 할 수 있다. (×)
8. 예산을 법률 형식으로 하는 예산법률주의 채택 (○)
9. 정기국회를 상반기 · 하반기 두 번 하는 것 (○)
10. 정기집회일을 10월 1일에 개회 하는 것 (×)
11. 국회부의장을 3인으로 하는 것 (○)
12. 위헌결정 정족수를 재판관 종국심리 과반수로 하는 것 (○)
13. 헌법재판소의 종래 헌법 또는 법률에 대한 해석을 종국심리 과반수로 하는 것 (×)

제대로 정리하고 철저히 암기해야 합격선을 넘을 수 있다. 애매하게 공부하면 애매한 성적으로 애매한 수험생이 될 뿐이다.

암기하기 전에 정리를 정확히 해야 한다.

학문에는 일반론이 있고 특수상황논리가 있다. 법조문에도 판례도 마찬가지다. 문제를 출제하는 교수는 일반론을 출제할 수 있다. 특수상황논리를 출제하기도 한다. 수험생들은 일반론과 특수상황논리를 혼동함으로써 엉뚱한 답을 하곤 한다. 학문 차원에서 시험과목을 이해하기는 힘들다. 따라서 일반론과 특수상황논리를 비교해 두어야 한다.

① 지방자치단체 소속 공무원이 지방자치단체의 고유의 자치사무를 수행하던 중 도로법 규정에 위반행위를 한 경우에는 해당 지방자치단체 도로법의 양벌규정에 따른 처벌대상이 된다.
② 지방자치단체 소속 공무원이 국가로부터 지방자치단체장이 위임받아 처리하는 항만 순찰 업무를 위해 관할 관청의 승인 없이 개조한 승합차를 운행한 경우 해당 지방자치단체는 자동차 관리업의 양벌규정에 따른 처벌대상이 된다.

①번은 일반론으로서 옳은 지문이나 ②번은 특수상황으로서 옳지 않은 지문이다. 지방자치단체는 양벌규정의 대상이 되나 국가사무를 위임받아 처리하는 경우에 지방자치단체는 양벌규정의 대상이 되지 않는다.

또한 유사한 것을 비교해 정리하고 암기하지 않으면 엉뚱한 답을 하게 된다. 다음 지문이 옳은지 판단해보라.

① 위원회는 신판청구가 이유가 있다고 인정하는 경우에도 이를 인용하는 것이 공공복리에 크게 위배된다고 인정하면 심판청구를 기각하는 재결을 할 수 있다. 이 경우 위원회는 재결의 주문에서 그 처분 또는 부작위가 위법하거나 부당하다는 것을 구체적으로 밝혀야 한다.
② 위원회는 사정재결을 할 때에는 청구인에 대하여 상당한 구제방법을 취하거나 상당한 구제방법을 취할 것을 피청구인에게 명할 수 있다.
③ 사정재결은 취소심판 · 의무이행심판에서 인정된다.
④ 원고의 청구가 이유가 있다고 인정하는 경우에도 처분 등을 무효로 하는 것이 현저히 공공복리에 적합하지 아니하다고 인정하는 때에는 법원은 원고의 청구를 기각할 수 있다. 이 경우 법원은 그 판결의 주문에서 그 처분 또는 부작위가 위법함을 명시해야 한다.
⑤ 사정판결을 함에 있어서 법원은 원고에 대하여 상당한 구제 방법을 취하거나 피고 행정청에 상당한 구제방법을 취할 것을 명하여야 한다.
⑥ 사정판결은 무효확인소송에서는 인정되지 않는다.

①~⑥은 행정심판법과 행정소송법을 혼동시킨 문제이다.

①②③⑥은 옳은 지문이나 ④⑤은 옳지 않은 지문이다. ④번은 취소대신 무효가 들어가서 틀렸다. ④번과 ⑥번은 동일 문제이나, ⑥번처럼 출제되면 쉽게 맞추나 ④번처럼 출제되면 답을 못 찾을 수 있다. 최근 젊은 교수들은 난이도 조정을 위해 ④번처럼 출제할 가능성이 있다. 또한 ④번에서 부작위는 삭제되어야 한다. 행정심판법은 처분 · 부작위에 대한 심판청구에서 사정재결이 허용되나, 행정소송법은 부작위에 대한 사정판결을 허용하지 않는다. ⑤번은 이미 출제된 기출지문이다. 행정심판법 조문인 ②번 가지고 행정소송에 적용하여 출제한 문제라는 것을 알 수 있다.

암기하기 전에 정확한 정리가 선행되어야 한다. 어떻게 정리해야 하는가? 다시 말하자면 출제되는 방향에 따라 정리해야 한다. 일반귀화와 간이귀화는 민법상 미성년을 요건으로 하나 특별귀화는 성년을 요건으로 하지 않는다.

① 귀화는 성년을 요건으로 한다(X)
② 일반귀화는 성년을 요건으로 한다. (O)

6. 제대로 된 모의고사 문제를 풀자

〈신림동 고시학원의 진도별 모의고사〉

강의를 통해 어느 정도 이해를 했다면 정리와 암기를 해야 한다. 그러면서 문제 훈련을 통한 숙달이 필요하다. 기출문제와 모의고사 문제 훈련을 통해 내용을 숙지하고, 암기할 것이 무엇이고, 어떤 내용을 암기할 것인지가 결정할 수 있다. 2014년 국회직 8급, 서울시 7급, 지방직 7급 모두 난이도가 만만치 않았다. 국가직 7급은 다소 쉬웠지만 말이다. 그렇다고 국가직 7급도 그렇게 쉬웠다기보다는 수험생 실력이 높아짐에 따라 합격선이 올라갔다고 봐야 한다. 국가직 7급을 제외하고는 문제영역도 그렇지만 특히 문제 표현에서 기존 기출문제의 틀을 벗어나는 문제가 출제됨에 따라 합격선이 낮아졌다. 그 이유는 출제 교수의 교체, 우리나라 학문 연구 수준 향상, 학문의 분권화 경향, 수험생들의 수준 향상에 따른 문제 난이도 상승 등 여러 이유가 있다.

신림동 고시학원 체제는 1980년대에 시작해서 2000년 초반에 전성시대를 구가했다. 처음 신림동 고시학원은 수험생 출신이 만들었다. 그들이 교과서를 저술한 유명 교수를 초빙해 강의가 진행되었다. 그러다가 1990년대부터 본격적으로 전문 강사 시대가 열렸다. 대학 유명 교수는 신림동 강의를 부업 또는 아르바이트 수준으로 생각을 했을 것이다. 그러나 전문 강사들은 공무원이나 변호사를 접고 본격적으로 강의를 주업으로 하기 시작했다. 전문 강사와 신림동 학원은 각 대학교 모의고사를 수집하고, 대학교 교수들에게 높은 출제료를 주고 모의고사를 의뢰했다(1990년대 당시 40문제에 백만 원이었음). 이렇게 10년 정도가 쌓이자 기출문제와 모의고사를 정확히 분석해 진도별 모의고사를 만들었다. 형법 신호진, 민법 오양균, 이원영, 권순한, 헌법 황남기 같은 대강사들에 의한 진도별 모의고사는 실수강생만 2천여 명에 달할 정도로 진도별 모의고사(진모)가 활성화되었다. 매년 9월에서 시작해 12월까지 이어지는 진도별 모의고사를 수강하기 위해 전국에서, 서울 각 대학교에서 산골짜기인 신림동에 모여들었다. 우리나라에서 가장 공부 잘하는 고시생들이 진모에 열중했던 이유는 무엇일까?

한마디로 적중률 때문이다. 신림동 전성시대(2000년 초반)의 진모에서 다음 연도 사법시험, 행정 · 외무고시 기출문제가 벗어나지 않았기 때문에 지리적으로 오기 힘든 신림동 고시촌으로 고시생들이 모여들었다. 그런데 어떻게 해서 신림동 진모는 적중률이 높았을까?

첫째, 수험생들의 수준이 높았다. 모의고사에 대한 요구 수준이 높았다.
둘째, 뛰어난 강사, 성실한 강사들이 모의고사 만들기에 전념했다.
셋째, 학원의 노력이 주효했다.

신림동 전성시대를 이끌었던 주역 중의 한 사람으로서 그 당시에는 그 이유를 내가 너무 뛰어나서라고 생각했다. 그 이유 말고는 다른 이유를 생각해보지 않았다. '내가 정말 똑똑하니까 문제를 예측한 것 아니야'라고 생각했다. 그러나 시간이 흘러 세상을 조금 더 알게 된 지금은 그 이유만이 전부가 아니었다. 더 중요한 이유는 그 당시 고시생들이 제대로 된 요구를 했기 때문이다. 1998년의 IMF사태 이후 취업이 현실적으로 불가능한 상황에서 우리나라에서 가장 뛰어난 사람들이 고시로 몰려들었다.

그리고 그들이 원했던 것은 합격이었고, 그들이 강사에게 요구했던 것은 제대로 된 진도별 모의고사였다. 그들은 강사에게 위안을 바라지 않았다. 생존을 위해서는 합격해야 했고 어떤 이는 권력욕에 눈이 멀어 합격에 목말라 했다. 그들은 위안 대신 매섭게 몰아쳐 줄 강사를 원했다. 고시생 상위 30%는 공부능력이 매우 뛰어났다. 그러나 여러 과목을 공부해야 하는 만큼 시간이 부족해 자신을 대신해 문제를 정리해주고, 그 문제를 기반으로 신경향 문제를 예측해 줄 '아바타'를 필요로 했다.

신림동 강사와 고시생 관계는 계약 관계였다. 고시생들은 정당한 대가를 내고 전문 강사들이 제대로 된 문제를 만들어주고, 판례를 정리해 주었다. 적당한 거리를 두고 차갑지만 합리적인 관계였다. 물론 모든 고시생이 그랬던 것은 아니었다. 상위 30%정도가 그랬고, 그들이 신림동의 주도권을 쥐었고, 고시촌의 공부 분위기를 조성했고, 강사와 학원에게 합리적이고, 정당한 압력을 행사하고 요구를 했다. 만약 진모가 그 다음 년도 실전 시험에 적중하지 못한 경우 그 강사는 신림동에서 잊혀져 갔다. 대신 실전 시험에 적중한 강사가 고시촌을 이끌어 갔다. 고시생들의 정당한 요구로 전문 강사들은 1년 내내 각 대학 모의고사 수집과 분석, 그리고 진모 만들기에 전념할 수밖에 없었다. 학원 원장은 교수들을 찾아다니면서 모의고사를 의뢰하고, 술잔을 기울이면서 평소에 친분을 쌓아두었다.

이러한 고시생들의 지혜와 압력, 전문 강사와 학원의 노력으로 신림동 진모는 태어났고 발전하여, 고시생들이 다음 연도 고시문제에 적응할 수 있게 하였다. 그래서 신림동이 명실상부 고시 합격생을 배출하는 메카가 되었던 것이다.

〈노량진의 모의고사 현실〉

기존 공무원 문제는 기출문제를 벗어나지 않았다. 5~6년 전에 서울신문에서 의뢰가 들어와 글을 써 준 적이 있다. 그 때 서울신문기자가 보내 온 자료를 보니 7급 공무원시험 합격생의 헌법 · 행정법 평균 점수가 96점이었다. 7급 공무원 수험생들이 특별히 헌법 · 행정법을 잘 알아서라기보다는 기출문제와 그 범위 · 표현이 동일했기 때문이다. 시험문제가 기출문제를 벗어나지 않다보니 노량진 학원의 공무원 모의고사 문제 수준은 기출문제 짜깁기, 잘해야 기출문제 변형에 그쳤다. 그래도 실전에 충분했다. 그러나 최근 7급 시험의 위상의 변화와 실력있는 수험생들의 진입, 교수진의 교체

와 학문의 분권화에 따라 기출문제에서 볼 수 없는 영역 문제, 표현 문제가 출제되고 있다. 사시의 폐지, 행시1차의 PSAT으로의 전환, 외시 폐지에 따라 헌법, 행정법, 행정학, 한국사 문제에서 7급 공무원 시험이 피라미드에서 맨 꼭대기로 올라섰다.

기존에는 사시, 행 · 외시에서 기출문제로 출제되었던 문제가 7급 문제로 흘러 들어오는 것이 상례였다. 그러나 이러한 시험의 폐지와 문제 전환에 따라 7급시험이 피라미드에서 최상위층을 차지하게 되었다.

〈헌법, 행정법, 행정학, 한국사 문제〉

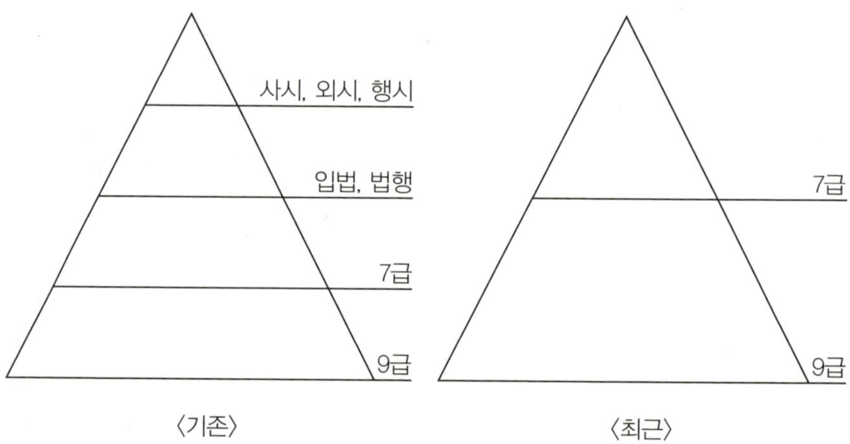

아직도 법행이 있긴 하나 법원에서 출제되고 선발 숫자는 8 · 9명에 그치고 객관식으로서는 헌법 문제만 있다. 안전행정부(앞으로는 인사혁신처)에서 주관하는 시험 중에서 7급의 위상이 높아지고 있다. 이런 여러가지 이유가 결합되면서 종전 기출 문제만으로는 풀기 힘든 유형 · 내용의 문제가 출제되고 있다.

그 동안 나름 열심히 준비했다고 하나 공무원 시험 모의고사는 그 수준이나 완성도에 있어 실전문제에 미치지 못한 실정이다. 기존 기출문제를 답습하던 습관을 버리지 못하고 있다. 또한 노량진 강사들도 공시생의 질 높은 문제 요구에 크게 시달리지 않아, 기출문제 변형에 만족하고 있다.

학원이 주관하는 매달 보는 모의고사 응시료는 7급의 경우 7,000원이고, 출제자에게는 거의 출제비가 없다. 모의고사 문제는 공짜라는 인식이 넓게 퍼져 복사비만 내면 얻을 수 있는 그런 문제일 뿐이다. 7,000원은 문제와 해설지 복사비 수준이다. 출제자의 출제, 검수, 수정, 편집 등의 비용은 포함되어 있지 않다. 그러니 이런 과정이 생략되는 모의고사를 풀고 있다. 그래서 노량진 모의고사로는 자신의 현 위치를 정확히 알 수 없다. 학원 강의 때 쓰는 모의고사도 큰 차이가 없다.

정성을 기울여 문제를 내놔도 그걸 알아보는 수험생도 드물고, 무료로 인터넷에 떠돌아 다니고, 돈 내놓고 사려는 수험생은 많지 않다. 기출문제를 벗어난 문제가 2~3문제 출제가 되고 있는 상황에서 제대로 된 모의고사 문제가 더 중요해지고 있다. 그러함에도 공시생, 학원 강사, 학원 모두 모의고사에 대한 관심이 그리 많지 않다. 학원 강사와 학원 모두 인터넷 작업과 광고를 통해 수강생을 모으려는 혈안이 되어 있지, 제대로 된 모의고사 문제를 만드려는 의욕은 거의 없다.

모의고사 문제에 올인 해도 건질게 없고, 그 대신 인터넷 광고, 작업 하는 게 수익에 도움이 되기 때문이다. 제대로 된 모의고사인데 약간 어렵게 내면 수강생은 썰물처럼 빠져나간다. 쉽게 내서 100점을 받게 내면 수강생이 모의고사 강의에 구름같이 몰려든다. 그래서 너도 나도 문제를 쉽게 내고, Healing camp를 열고자 한다. 노량진 학원가의 모의고사는 Healing 그 자체이고, 실전에서 수험생은 맨붕한다. 모의고사에서 90점으로 Healing했던 수험생들은 실전에서 60~70점 받아 맨붕하게 된다. 이와 반대로 신림도 진모는 맨붕이었으나, 실전에서 수험생은 Healing했던 것과 대조되는 현상이다.

	전성시대 고등고시를 이끌던 신림동	현재 공무원 시험을 이끄는 노량진
수험생	• 수준 있는 모의고사를 요구하는 이성적인 집단 • 상위 30%가 분위기 주도 • 위안보다 합격을 원한다	• 자기를 즐겁게 해주는 연예인 강사를 찾는 군중 • 하위 90%가 분위기 주도 • 합격보다는 위로와 칭찬을 갈구한다.
강사	• 실전 시험과 유사한 문제를 만들 능력이 있는 강사 • 축구 · 야구 감독	• 세련된 화술을 갖춘 연예인 • 수험생을 소비자로 보는 판매업자 • 유재석과 같은 사람 좋은 연예인
모의고사 문제수준	• 교수 출제 모의고사 • 모의고사는 맨붕 • 실전에서는 Healing	• 조교들이 출제하는 조교 모의고사 • 모의고사는 Healing • 실전에서는 맨붕

유재석은 훌륭한 엔터테이너이다. 대중에게 위안을 주고, 대중과 공감할 능력을 갖춘 훌륭한 연예인이다. 그러나 유재석은 공무원 시험 강사로는 불충분하다. 100명 중 한 명이 합격하는 시험에서 위안을 주고, 달콤한 말을 해준다고 합격시킬 수는 없기 때문이다.

공무원 시험은 100명 중 2등 해도 전혀 의미가 없다. 한 개로 떨어지나 10점으로 떨어지나, 2등으로 불합격하나, 70등으로 불합격하나 똑같다. 합격 아니면 불합격뿐이다. 대입 수능이야 100명 중 2등 하면 1등급이 나온다. 그러나 공무원 시험에서 2등은 의미가 없다.

그럼에도 많은 공무원 수험생들은 유재석과 같은 강사를 선택한다. 고시생들은 합격시켜줄 감독을 원했지 자기들에게 위안을 줄 강사를 원하지 않았다. 고시생들은 자기들보다 지적으로 뛰어나고, 자기들보다 열심히 정리하고, 자기들보다 제대로 된 모의고사 문제를 만들어 줄 강사를 원했다. 2014년 대한민국 국민은 지쳐있다. 공시생들도 지쳐있다. 그래서 모두들 유재석을 원한다. 그들에게 위안을 주고, 공감을 줄 유재석을 말이다. 그러나 100:1 시험에서 1등을 만들어 줄 이는 유재석이 아니다.

공시생보다 더 열심히 정리해주고, 아직 기출문제로 나오지 않은 문제를 예측해주고, 그들에게 길을 보여 줄 리더가 필요하다. 기출문제를 벗어나는 문제가 본격적으로 나오기 시작한 이 때 필요한 것은 Healing문제를 내 줄 유재석이 아니라 새로운 방향을 보여주고 이끌어 줄 감독이 필요하다. 그러나 노량진에서 감독 역할하다가는 소비자들에게 쫓겨날 수밖에 없다. 감독은 야단치고 소리치기 때문이다. 돈을 낸 소비자는 돈 내놓고 욕먹는다는 생각을 하고 감독을 쫓아낸다. 그들은 합격 대신 위안을 원한다. 그렇기 때문에 힐링을 주는 모의고사밖에 없다. 그리고 문제를 잘못 출제해도 크게 문제될 것 없다. 소비자들에게 위안을 주면 그것으로 족하기 때문이다. 제대로 된 모의고사를, 기출문제 수준의 모의고사를 내 줄 선생은 사라지고, 연예인이 그 자리를 차지한다. 파리바게뜨에는 제빵사가 없다. 공무원 학원엔 선생이 없다. 대한민국 사회에 어울리는 공무원 학원가의 모습이다.

〈기출문제로 충분하지 않은 이때 우리는 무엇을 해야 하는가?〉

첫째, 기출문제를 공부해야 한다. 그래도 기출문제는 여전히 중요하고, 기출문제의 표현을 바꾼 새로운 유형의 문제도 계속 출제되기 때문이다.

둘째, 제대로 된 모의고사를 풀어야 한다. 성의없는 모의고사를 풀 바엔 기출문제를 다시 보는게 낫다. 제대로 된 모의고사를 만들려면 시간, 정성, 돈이 많이 들어간다. 시간, 정성, 돈이 투자되더라도 성과가 안 나오면 노력하는 강사가 안 나올 것이다. 그 시간과 돈을 인터넷 작업과 광고에 투자하는 게 낫다고 생각하기 때문이다.

따라서 수험생들의 태도도 매우 중요하다. 제대로 된 모의고사를 평가해주고, 저작권을 보호해주어야 한다. 많은 수험생이 저작권 보호에 동참하고 있으나 더 많은 수험생은 여전히 어둠의 경로에서 공짜로 문제를 이용하는 데 죄책감도 느끼지 못하고 있다. 오히려 자신들의 권리인 양 큰소리까지 치고 있다. 뼈를 깎는 고통과 많은 인력이 수반되어야 제대로 된 모의고사가 나온다는 것을 명심해야 한다. 더군다나 강사의 지적 능력이 매우 탁월해야 하고, 그런 강사가 십년 정도는 문제를 만들고 만드는 훈련을 거쳐야 제대로 된 모의고사를 만들 수 있다. 아무나 노력한다고 제대로 된 모의고사를 만들 수 없다. 그러나 이런 과정이 무시된다면 앞으로도 좋은 모의고사 문제를 볼 수 없을 것이다. 수험생 여러분이 제대로 된 선택을 해야 제대로 된 모의고사로 문제를 연습할 수 있게 할 것이다. 신림동 고시생이 그러했듯이 대중의 지혜로 7급 공무원 수험생들도 좋은 모의고사에 대한 정당한 요구를 기대한다. 제대로 된 모의고사가 2015년에는 넘치고 넘쳐, 수험생들이 시험장에서 멘붕하는 일이 없기를 바란다. 지금 현재의 노량진 모의고사는 풀 필요가 없다. 그 시간에 기출문제를 풀어야 한다. 시간 낭비일 뿐이다. 기출문제를 벗어나는 문제가 등장하지만 모의고사가 좋지 않다면 기출문제를 열심히 푸는 게 낫다.

〈황남기도 부끄럽다〉

2014년 10월 11일 7급 지방직 시험 문제 강평을 위해 강사들이 강남 선릉역 KTV에 모였다. 문제를 보고 긴 한숨이 흘러나왔다. 강평이 끝난 후 한참을 걸었다. 그리고 결론은 '「황남기 공무원 문제 개발연구소」를 만들자' 였다. 생각만 해오던 과제였다. 엄청난 자본이 필요한 일이다. 개인이 하기에는 벅찬 일이어서 몇 년 간 머릿속에서는 맴돌았으나 선뜻 시작할 수 없는 일이었다. 그러나 시작해야했다. 강사로서 선생으로서 부끄러웠기 때문이다. 기출문제를 예측하지 못하는 강사는 직업윤리 차원에서 비난받아야 마땅하다. 2014년 대비 모의고사 문제를 열심히 만들었다고 자부할 수 있으나 그래도 부족하다.

2000년대의 고등고시 시험에서는 진도별 모의고사를 벗어나는 문제가 거의 출제되지 않았다. 그 만큼 진도의 예측력은 탁월했다. 아담 스미스는 "오늘 저녁 빵을 먹을 수 있는 이유는 제빵업자의 자비심 때문이 아니라 이윤 동기 때문이다."라고 말했다. 그 당시 진모에 대한 수요와 요구는 뜨거웠다. 그래서 대중의 지혜에 따라 강사들은 죽도록 문제를 만들었다. 그 결과가 놀라운 예측력이다. 그러나 고등고시 문제도 모두 예측했던 황남기도 7급 시험은 모두 예측하지 못하고 있다. 여기서도 시장의 논리가 적용된다.

공무원시험에서는 진모에 대한 압력이 느껴지지 않는다. 문제에 대한 수험생의 압력이 약하다보니 문제의 얼개가 느슨해져, 그물이 느슨하면 잡은 새가 빠져나가듯 기출문제가 빠져나간다. 문제의 얼개는 좀 더 촘촘히 짜야한다. 더 많은 시간을 투자해 수준 높은 문제를 더 많이 만들어야 한다. 노량진에서 매달 모의고사 강의가 열리는 걸 보면 난 이해할 수가 없다. 저 선생들은 강의를 저렇게 많이 하면서 언제 저 많은 문제를 만들지? 정말 정성과 시간을 투자해 만든 문제인가? 재탕, 삼탕하는 문제인가? 의문이 한 두개가 아니다. 대중의 어리석음과 결합하여 강사의 게으름, 강사와 학원의 돈벌이만 추구함으로써 매달 모의고사가 열리는 건 아닐까? 그 결과는 무엇일까, 많은 수험생들을 실전에서 멘붕에 빠뜨린 건 아닐까? 나부터 이런 구조의 덫에 걸려 수험생들을 잘못 이끌어 온 건 아닐까? 7급 지방직 시험 후 개운함보다는 나 자신에 대한 의문과 무언가 해야겠다는 의욕이 상반되어 다가왔다. 설마

하는 마음을 버리고 좀 더 넓게, 세밀하게 분석하고 더 많은 시간을 투자해야 제대로 된 모의고사를 만들 수 있다. 고장 난 총을 들리고 구멍 난 전투화를 신기고 수험생을 전장에 보내서는 안 되기 때문이다.

- 주요 강사의 강의시간이 주 몇 시간인지 체크해보자
- 아마 주당 40시간을 넘는 주요강사도 많다.
- 그렇다면 언제 문제를 만들 것인가?
- 강사는 초인이고 슈퍼맨인가?
- 왜 강의가 그렇게 많을까?
- 우리는 제대로 된 모의고사 문제를 풀고 있는 것일까?
- 강사들한테 쉬는 시간을 주자.
- 강사들한테 모의고사를 만들 시간을 주자.
- 모의고사 문제값을 제대로 인정해주자.
- 그렇지 않으면 여러분은 쓰레기 같은 문제를 풀게 될 것이다.
- 시장의 논리는 냉혹하다.

7. 시험장 상황에서 살자

평소 공부하는 상황과 시험장 상황이 유사해야 한다. 아니, 수험생은 실제 시험장보다 불리한 조건 하에서 준비해야 한다. 기출문제 문장만 반복되고 낮은 수준의 모의고사 문제만 풀다보면 시험장에서 당황할 수 있다. 시험장에서 낯선 지문, 모르는 지문은 필연적으로 나온다. 평소 때 쉬운 문제나 익숙한 지문만 풀다가는 시험장에서 멘붕하게 된다. 그 문제만 틀리면 상관이 없는데 멘붕으로 그 다음 문제까지 연달아 틀리는 게 문제다. 시험 문제를 채점하다보면 한 문제 틀리기 시작하면 연달아 틀리는 경험을 해봤을 것이다. 이걸 예방하려면 어렵고 낯선 지문이 들어가는 문제를 풀어서 시험장에서 시간관리와 스트레스 관리능력을 키워야 한다.

100분, 140분 단위로 공부하고 쉬자. 몸을 시험 시간에 맞추어야 한다. 한 과목의 문제를 풀더라도 100분, 140분 단위를 풀고 쉬는 시간을 가져야한다. 7과목을 푼다면 140분이 아니라 120분 내에 문제를 푸는 훈련을 해야 한다. OMR마킹은 반드시 하고 20분을 줄여 연습을 해야 한다.

시험장에 가는 나는 '정상적인 나'가 아니라 '내 능력의 80%정도를 가진 아바타'가 대신 간다고 생각해야 한다. 시험장에서 100%능력을 다 발휘하기 힘들다. 100%능력을 발휘하려면 아바타를 더 혹독하게 연습시켜야 한다. 시간도 적게 주고, 문제도 좀 더 긴 문장의 문제를 풀고, 경제학 계산 문제가 많이 포함되어 있는 모의고사 (어려운 계산문제가 아니어야 함)를 풀어야 한다. 더 불리한 조건에서 80%의 시간과 능력만 가지고도 합격선을 훨씬 넘도록 아바타를 훈련시켜야 한다. "10분 남았습니다"라는 시험 감독관의 말을 듣고도 태연히 헌법이나 행정법을 제 실력을 발휘해갈 수 있을 만큼 훈련되어있어야 한다.

8. 막강한 Pace-maker를 찾자.

혼자 공부가 잘 될 때는 문제가 없다. 그러나 공부가 항상 잘되는 것은 아니다. 혼자 공부할 때 문제는 잘 안 될 때 자신을 잡아줄 사람이 없다는 것이다. 세계적인 마라톤 선수는 Pace-maker가 있다. 초반에 스피드하게 앞에서 달려주는 Pace-maker 말이다. 파울라 래드 클리프라는 여성 마라토너는 2003년 2시간 15분대로 지금도 깨지지 않는 신기록을 세웠다. 그런데 논란이 발생했다. 남성 마라토너 5명을 페이스 메이커로 하여 경기를 했던 것이다. 이 사건 이후 여성 마라토너가 남성 페이스 메이커를 동반할 수 없도록 경기 규칙이 개정되었다. 옆에 든든하게 뛰어주는 페이스 메이커가 있기에

숨이 턱까지 차오를 때, 숨을 고르고 달릴 수 있다. 혼자라면 할 수 없는 인간의 한계를 페이스 메이커와 함께라면 넘을 수 있었던 것이다.

시험 공부도 마찬가지다. 혼자서 하면 거추장스러운 것도 없고 트러블도 없이 공부만 할 수 있을 거라 생각하지만, 그것은 공부가 잘 될 때이다. 공무원 시험은 2~3년의 장기 레이스이다. 평탄한 길에서 뒷바람을 받아 힘차게 달리는 경우도 있으나 바람을 안고 언덕길을 올라야 하는 고욕스러운 코스도 있다. 체력이 바닥난 상태에서 숨을 쉬기조차도 어려우나 결승점은 보이지 않는다. 주저 앉고 싶은 마음 뿐이다. 이 때 믿을 만한 페이스 메이커가 필요하다.

2014년 부산시 7급 시험에 합격한 수험생이 있다. 군대 생활을 3년 6개월 마치고 제대한 후 공부를 시작한 수험생이다. 장기 복무를 하다 제대한 탓에 공부에 적응하기 힘들었을 것이다. 처음에 헌법 모의고사를 보면 성적은 밑바닥이고, 부인과 자녀는 부산에 있어 고시텔에 가면 마음 한 구석이 텅 비었을 것이다. 그럼에도 그 수험생은 달렸다. 여러 이유가 있었을 것이다. 그 중 하나가 주변에 막강한 페이스 메이커가 있었기 때문이었을 것이다. 2014년 국회직, 서울시 7급에 합격한 수험생과 국가직 7급에 합격한 수험생이 그의 페이스 메이커였다. 2014년 5월에 그 수험생이 찾아왔다. 같이 공부하는 두 수험생 때문에 스트레스가 너무 심하다고 했다. 페이스 메이커가 공부를 너무 잘하다보니 자신과 비교가 되었기 때문이라 했다. 그러나 페이스 메이커는 나보다 더 열정적으로 공부할 수 있는 선수여야 한다. 정말 제대로 된 고수여야 한다..

2003년 세계 기록을 세웠던 그녀의 페이스 메이커가 10살 된 소년이었다면 과연 그 기록을 세울 수 있었을까? 그렇다. 페이스 메이커가 너무 막강해 스트레스를 받더라도 강력한 페이스 메이커와 함께 뛰어야 한다. 남성 마라토너를 페이스 메이커로 발상의 전환을 한 그녀가 세계 기록을 세웠듯이 공부 잘하는 페이스 메이커를 찾는 것이 2015년 합격을 손에 쥘 히든 카드라는 것을 명심해야 한다. 스파르타반 합격캠프는 막강한 페이스 메이커들이 우글거린다. 거기서 경쟁하고, 좌절하고, 좌절을 이겨내자. 막강한 페이스 메이커를 두려워하지 말자. 그는, 그녀는 합격의 여신이 당신에게 보낸 합격의 증표, 합격의 전령사이다.

황남기와 시행착오없이 한방에 끝

제 4편

최종 마무리 전략

1장
최종 마무리 전략 I

만약 신이 나에게 2015년 4월 15일을 48시간으로 늘려주고, 대신 2015년 2월 한 주를 공부할 수 없게 하겠다는 제안을 한다면 나는 주저 없이 승낙할 것이다. 2015년 7월 23일 하루는 2015년 2월의 한주보다 훨씬 수험학적으로 가치가 있기 때문이다.

최종 마무리를 어떻게 하느냐에 따라 합격이 좌우된다는 것은 논증할 필요 없는 자명한 이치이다. 그러나 최종 마무리를 어떻게 해야 할 지, 아는 수험생은 드물다. 할 것은 많은 것 같은데 막상 하는 것 없이 시간을 보낼 가능성이 높다. 전략과 전술이 없고 세부적 계획이 없다면 마음은 바쁜데 제대로 되는 것 없이 귀중한 최종정리 시간을 허비할 수밖에 없다.

최종 마무리 할 때 하루에 한 과목을 돌리라는 이야기를 많이 듣는다. 옳은 이야기다. 그러나 문제는 하루에 한 과목을 공부하더라도 급한 마음에 진도는 빨리 나가는데, 공부 안 해도 문제를 맞출 수 있는 내용만 눈에 잡힌다는 것이다. 행정법을 예로 들면, 통치행위에서 계엄선포 당 부당, 계엄선포 범죄행위, 남북 정상회담과 송금행위의 통치행위여부만 눈에 잡히게 된다.

이런 내용은 최종정리 때 공부 안 해도 정답을 찾는 데 전혀 지장이 없는 내용이다. 최종 마무리 하루는 평소 일주일보다도 수험학적으로는 가치가 높다. 나머지 수험기간은 최종마무리를 위한 준비운동기간이라고 해도 과언이 아니다. 최종마무리 때 본 내용은 잊어버리지 않으므로, 시험장에서 점수와 직결된다. 따라서 합격권 안에 드는 수험생 간에는 최종마무리를 어떻게 하느냐에 따라 합격과 불합격이 갈리게 된다. 그 귀중한 시간을 공부 안 해도 정답을 찾을 없는 내용을 공부하느라 허비한다면 합격을 눈앞에 두고 놓치게 된다.

최종 마무리때에는 출제는 되나 휘발성이 강한 내용이나 내용을 알아도 정답을 못 찾는 문제 지문을 집중적으로 보아야 한다. 그래서 대부분 수험생도 자주 틀리는 지문을 문제집에 체크하거나 교과서에 체크해서 마무리 때 보는 등 나름 노력은 한다. 그러나 최종마무리에 가면 긴장도 되고 할 것은 많아 정신이 없다 보면 꼭 보고 가야 할 내용을 빠뜨리는 경우가 많다.

여행을 갈 때 가져가야 할 목록을 생각날 때 마다 적어두지 않으면 꼭 필요한 물건을 빠뜨리고 여행 가서야 알게 되는 경우가 많다. 여행에서 빠뜨리고 간 물건은 다소 비싸더라도 여행지에서 사면된다. 그러나 최종마무리 때 빠뜨리면 시험을 보다 빠뜨린 내용을 다시 찾아볼 순 없다. 다음 연도에 다시 시험장에 갈 수밖에 없다. 시험일이 가까운 날에는 휘발성이 강한 내용을 배치해야 한다. 그러나 4월 15일 행정법을 공부한다면 무엇을 공부해야만 할 것인가?

2015년, 4월 19일이 시험일이라고 가정해 보자.

다음과 같이 일정계획을 세웠다 해보자.

4/14	4/15	4/16	4/17,18	4/19
행정학	행정법	국사	전과목 1회독	시험일

각 과목을 〈내가 만든 매일 진도표 예시〉 와 같이 마지막 주에 할 것을 세부적으로 정리해야 한다. 마지막 주에 〈남북정상회담, 대북송금행위 통치행위인지〉를 보는 것은 시간낭비이다. 2014년 2월부터 2014년 4월까지 〈남북정상회담과 대북송금행위가 통치행위인지〉는 전혀 안 본다고 하더라도 틀릴 가능성은 0%이다. 그럼에도 불구하고 이 내용을 2014년 2월부터 4월 사이에 대부분의 수험생이 기출문제, 기본서, 진도별 모의고사, 전 범위 모의고사를 통해 최소한 20회 이상을 볼 것이다. 시간낭비라고 할 수 있다. 따라서 공부 안해서 맞출 수 있는 문제대신 자꾸 틀리는 문제 내용을 공부하는데 시간을 사용해야 한다. 대신 행정소송법에서 〈신청 또는 직권〉 〈신청〉에 해당하는 것이 각각 무엇인지를 공부하는 것이 합격에 도움이 된다. 그럼에도 2015년 4월 15일 또는 2015년 7월 23일에 어떤 행위가 통치행위인지를 공부하는 것은 정말 어리석고도 어리석다고 할 수 있다.

수험공부는 결국 시험 보는 한 주를 위한 준비기간이다. 즉 수험이란 마지막 한 주에 꼭 보고 들어갈 내용을 준비하는 기간이다. 마지막 한 주를 가장 효율적으로 이용할 수 있도록 준비하는 것이 수험이다. 마지막 주에 공부하지 말아야 할 것과 공부할 것을 구별하는 것이 수험이다.

그러면 최종정리를 위해 무엇을 해야 하는가?

첫째, 기출문제 중 틀릴만한 지문을 체크해서 따로 정리해둔다. 기출문제집은 2천페이지가 넘는다. 4월15일에 다 보는 것은 부담스럽고 불필요하기도 하다. 기출문제집에서 체크된 것만을 다시 보는 방법도 있고 체크된 것을 손으로 쓰거나 타이핑 해놓는 방법도 있다. 기출문제집에 체크된 것을 보는 것은 실제로는 진도가 안 나간다. 「내가 만든 매일진도표 예시」에는 기출문제 오답 노트 보는 시간이 1시간 30분으로 되어있는데 아무리 기출문제집에 체크되어있다고 하더라도 1시간 30분에 기출문제집을 보기 힘들다. 따라서 체크된 지문만 따로 타이핑하는 것이 좋다. 너무 양이 많으면 효율성이 떨어지므로 타이핑하는 것이 20페이지 정도 되면 좋다.

둘째, 4월15일날 다시 볼 교재 페이지를 「내가 만든 매일진도표 예시」에 써 놓는다. 공부를 하다 보면 이 내용은 반드시 마지막에 보고 갈 내용이라고 생각이 나면 그때마다 진도표에 기입해 놓아야한다. 그렇지 않으면 마지막에 보고 가지 않아 실수를 하게 된다. 공부하다가 마지막에 보고가야할 내용이라면 책 앞에 A4용지를 붙이고, 그때마다 페이지와 주제를 적어놓으면 마지막에 보고갈 내용을 놓치지 않게 된다.

셋째, 자주 틀리는 법조항이나 중요한 내용, 머리에 정리가 필요한 내용은 머리로 계속 떠올리는 연습을 해야 한다. 눈에 익숙하면 정답을 쉽게 찾을 수 있는 내용이 대부분이다. 그러나 눈에 익숙하더라도 정답을 찾기 힘든 내용도 있다. 마지막에 마음은 급하고 공부할 내용은 많아 회독 수 확보라는 목표 아래서 눈으로 찍고 넘어갈 수 있다. 눈에 익숙하더라도 정답을 못 찾는 내용은 막상 시험을 보면 헷갈려 틀리게 된다. 공부를 해보면 알지만 몰라서 틀리는 것 보다는 실수로 단순암기가 부족하여 틀리는 문제가 태반이다. 눈에 익숙하다고 넘어가면 실수하게 된다. 이를 막으려면 배운 내용을 밥을 먹으면서, 집에 가면서, 산책하면서, 누워서 잠자기 전에 스크린해 봐야한다. 또는 공부하는 도중에 책을 덮고 백지에 배운 내용을 순서대로 써 보는 것도 좋다. 너무 눈으로만 공부하지 말자. 머릿속으로 자꾸 떠올리자. 정리가 안 되는 것은 백지 위에 써보자. 그러나 눈에 익숙한 것으로 정답을 찾을 수 있는 내용이나 문제까지 그럴 필요는 없다. 그러지 말고 정답을 찾기 힘든 것만 그렇게 하자.

눈에 익숙하다 → 문제를 맞춘다. → 시간이 없으니 눈으로 공부하자.
눈에 익숙하다 → 문제를 틀린다. → 머릿속으로 끊임없이 연습하자.

전시과와 과전법을 공부한다고 가정해 보자. 시험에 나올 내용을 떠올리면서 머릿속으로 연습을 하거나 백지에 써보는 연습을 하자. 머릿속에서 줄줄 나올 때까지 연습하자.

예1

– 역분전 : 왕 ( ), 기준 ( )
– 시정전시과 : 왕 ( ), 기준 ( )
– 개정전시과 : 왕 ( ), 기준 ( )
– 경전전시과 : 왕 ( ), 직관과 산관 모두 (O X)
– 과전 : 직접 수조 (O X) 군인전 포함 (O X) 상속 (O X)
– 공음전 : 직접 수조 (O X) 세수 (O X)
– 외역전 : 개념▶ 영업전 (O X)
– 구분전 : 개념▶ 영업전 (O X)
– 한인전 : 개념▶ 영업전 (O X)
– 과전법 : 왕 ( ), 주도세력 ( ), 대상 ( )
: 시지포함 (O X), 직접 수조권행사 (O X)
: 지역제한 ( ), 수조권자가 경작권박탈 (O X)
– 직전법 : 왕 ( ), 대상 ( ), 휼양전, 수신전 (O X)
– 관수관급제 : 왕 ( ), 수조권자 직접수조 (O X), 조와 세의 구별 (O X)
– 직전법 폐지, 녹봉만 지급 : 왕 ( )
– 공신전, 궁방전, 공해전, 역둔전, 별사전, 궁장전, 늠전, 학전의 개념

예2

대원군집정 (1863)
→ 병인사옥 (1866.1)
→ 제너럴셔먼호 (1866.7)
→ 병인양요 (1866.9, 양헌수, 한성근, 산성)
→ 일본메이지유신 (1868.1)
→ 오페르트도굴 (1868.4 충남 직산)
→ 신미양요 (1871.4, 어재연, 척화비 병인년에 쓰고 신미년에 세움)

→ 최익현상소로 대원군 실각 (1873)
→ 운요호사건 (1875)
→ 강화도 조약 (1876.2)
→ 1차수신사(1876), (김기수1876.4 일동기유↔신숙주 해동제국기)
→ 지석영 종두법 (1879)
→ 2차수신사 (1880) (김홍집, 조선책략, 이언↔오경석, 영환지략과 해국도지, 19c초)
→ 통리기무아문 (1880.12)
→ 2영설치 (1880.1)
→ 이만손의 만인소 (1881.2)
→ 일본신사유람단 (1881.4) (홍영식, 어윤중)
→ 홍재학 만언척화소 (1881.7)
→ 이재선 추대사건 (1881.8)

위의 순서를 떠올리면서 사건내용을 머릿속으로 정리한다. 그중 하나를 빠뜨리면 책에서 찾아보고 반복연습을 해야 한다. 사건을 순서대로 생각하면서 그 사건의 특징을 설명해 본다.

네 번째, 전 범위 기출문제 5년 치를 시간을 재고 풀어보자. 보통 1년에 3번 정도 문제가 있으면 15회이다. 암기과목은 12분 내로 시간을 설정하고 문제를 풀어야한다. 다만 암기과목은 답이 보일 수 있으므로 답이 약간 변형되어 있으면 좋다. 굳이 해설은 볼 필요가 없는 것 같다.

20문제 ×12분	20문제 ×12분	20문제 ×12분
20문제 ×12분	20문제 ×12분	⇨ **100문제 ×60분**

10분 안에 100문제를 풀고 쉬어야한다. 조금 쉬고 이 과정을 반복하면 된다.

〈내가 만든 매일 진도표〉 예시

4월 15일 수요일

시간	진도	확인 (○△×)	보충할 부분
8:00~8:55	영어 모의고사 3회		
9:05~10:00	국어 어휘정리 암기		
10:10~11:00	–심판과 소송비교 (족보 282p) –위원회구성 (족보 285p) –청구기간 (족보 287p) –시정명령 (족보 294p) –사정재결과 사정판결비교 (족보 293p) –소송대상 (족보 301–312p 체크부분) –소의 이익 (족보 317–321p 체크부분) –제소기간 (족보 325–326p 체크부분) –전치요건 (족보 327p) –처분사유추가변경 (족보 330p) –집행정지 (족보 332–333p) –기판결과 기속력 (족보 339–341p) –민사소송과 당사자 소송비교 (족보 353p) –항고소송과 당사자 소송비교 (족보 355p)		
11:10~12:00	–분리이론과 경계이론 (족보 263–264p) –이주대책, 수용재결 (족보 268p, 271p) –결과제거청구권 (족보 275–276p) –강제징수 (족보 212–213p) –행정조사 (족보 217–220p) –질서행위규제법 (족보 227–230p) –실효성확보수단 : 직접, 간접 수단 구별 : 일반법 있는 것과 없는 것 구별 : 고의, 과실 요소날 것, 아닌 것 구별		
12:10~13:10	–개인정보와 정보공개법 날짜 암기 –행정절차법 읽기 –행정심판법, 소송법 읽기		

	–행정절차법적용이 배제되는 사항 (족보 174p, 176p표, 청문 181p) –행정절차의 당사자 (족보 175p)		
14:00~15:20	–행정행위개념 (족보 87p) –요건재량, 효과재량 표 (족보 99p, 99p) –불확정개념과 판단여지 정리 (족보 94p) –허가갱신(족보 102p), 허가 특허비교 (족보 106p) –허가와 인가 (족보 109p) –재개발조합, 재건축 정리 (족보 110–111p) –행정행위 유형구별 정리 (족보 112–113p)		
15:40~17:00	–부관과 쟁송 (족보 121–123p) –공정력 근거 (족보 127p) –불가쟁력과 불가변력 비교 (족보 131p) –직권취소와 쟁송취소비교 (족보 138p) –취소, 실효, 무효철회비교 (족보 145p) –하자승계와 긍정 · 부정판례 (족보 151p) –행정행위와 공법상계약비교 (족보 155p) –행정지도 방식과 원칙 (족보 166–167p)		
17:10~18:00	–위임 집행명령비교 (족보 75p) –명령과 효력불일치 판례암기 (족보 81–83p) –행정입법통제 (족보 84–86p) –초일산입여부 (족보 59p) –신고 (족보 66–70p), 소멸시효중단 (족보 60p) –권리, 의무 승계판례 (족보 54p) –고의, 과실요건으로 하는 것 여부 (족보 54p)		
19:00~20:20	–경원자 소송, 판례국민소송판례 (족보 48–50p) –공권견해 판례, 본질성이론 (족보 35–38p) –행정법 효력 (족보 17–18p)		
20:30~22:00	기출문제와 모의고사 오답노트 다시보기		

2장
최종 마무리 전략 II

시험이 눈앞에 다가오고 있다. 성적은 뜻대로 안 나오고 암기할 것은 많고 기존 교과서는 왜 이리 두꺼운지 빨리 진도는 안 나간다. 상담을 해보면 3월부터 기본서를 던지고 요약서나 기출문제로 갈아타는 수험생이 늘어 간다. 기본서 양이 너무 많아 회독을 돌리기 어렵기 때문이다. 이제야 알게 된, 처음부터 자명했지만 무시했던 진실이 있다. 처음부터 마지막까지 가져가야 할 기본서를 선택해야 한다. 수험기간의 70%는 기본서로 강의 듣고 기본서를 읽는데 사용한다. 마지막 두 달을 남겨두고 기본서를 버려야 한다니 억울하기 짝이 없다. 책과 강의, 자신의 능력을 파악하지 못하고 기본서와 강의를 선택했기 때문이다. 지금이라도 기본서를 빨리 볼 수 있는 방법은 없는 것일까?

첫째, 기출문제를 풀고 많이 틀리는 파트는 기본서를 세밀하게 자세히 보고 그렇지 않은 파트는 신속하게 넘어가자. 많이 틀리는 파트, 공부할 때 마다 찜찜한 파트는 자세히 읽고 그렇지 않은 파트는 빨리 지나가자. 예를 들면 다음과 같다. 4월 둘째 주가 시험일이라고 가정해 보자.

예1

	3월	4월 첫 째 주	4월 둘 째 주	
국사 정치사	–읽지 않거나 신속하게 지나간다.	–연표나 업적을 암기를 하면서 읽는다.	–신속하게 읽는다.	셋째 주 연표를 읽는다.
국사 문화사	–암기하면서 꼼꼼히 읽는다.	–신속하게 읽는다.	–암기한다.	암기한다.
행정법 (통치행위, 자기구속, 법리, 부당결부금지, 신뢰보호, 행정법의법원)	–읽지 않는다. 모의고사 문제만 풀어도 족하다.	–가볍게 교과서를 읽어본다.	–모의고사와 기출에서 틀린 것만 읽는다.	–읽지 않는다.
행정절차법 행정심판법 행정소송법	꼼꼼하게 읽는다. 암기한다.	–암기한다.	–암기한다.	–암기한다

둘째, 통치행위와 같이 익숙하게 아는 것은 3월에 공부하지 않는다. 4월에 가볍게 읽어본다. 자주 틀리거나 찜찜한 파트를 모아 3월에는 먼저 보자. 그리고 쉬운 부분, 자신 있는 부분은 그 과목 계획의 마지막 날에 몰아보자. 자신 없는 파트를 몰아서 먼저 보고 시간도 많이 배분하자.

예2	한국사 : 현대사→ 근대사 → 문화사 → 사회,경제사 → 정치사

예3	경제학 : 국제 → 거시 → 미시

기본서를 마지막까지 가져갈 수험생은 기출문제를 충분히 풀고 기본서에서 어떤 기출문제가 나왔는지 떠올리면서 기출문제 관점에서 교과서를 읽어야 한다. 기출문제에서 자주 틀리는 파트는 자세히, 꼼꼼히 기본서를 봐야 한다. 기본서가 너무 양이 많고 기본서를 보는데 너무 시간이 많이 걸려 기본서를 공부할 수 없는 수험생은 어떻게 해야 하나?

좋은 요약서가 있으면 요약서와 기출문제, 모의고사 문제를 결합시키고 기본서는 영어사전처럼 이용해야한다. 요약서는 주제별로 무엇이 출제되었는지 책을 덮고도 암기할 정도로 연습에 연습을 거듭해야 한다. 눈에 익숙한 것으로는 절대로 암기가 안 된다. 특히 요약서는 흐름이 없으므로 책을 덮고 설명하는 연습이 더욱 필요하다.

기출문제가 양이 많다면 모의고사 문제를 많이 풀 필요가 없고, 하나정도만 풀면 된다. 기출문제가 양이 적다면 모의고사문제집을 두 개정도 선택해서 돌리자.

다시 볼 지문을 체크하고 따로 정리해 두어야한다.

지나치게 시간이 없거나 읽는 속도가 너무 느린 수험생은 기출문제만 공부하고 시험장에 가자. 다만 기출문제 중에서 자주 틀리는 파트는 기본서를 꼼꼼이 보고, 그렇지 않은 파트는 눈도장 찍고 넘어가자.

이제 50일 남은 상황에서 영어는 어느 정도 시간을 배분해야할까. 9급에서 국어, 국사, 영어의 비중이 크므로 영어에 투자를 소홀히 하지는 말아야하나, 수험생마다 시간배분은 달리할 필요가 있다.

예4 〈점수는 2013년 문제수준을 기준으로 함〉

	영어	국어	국사	선택 I	선택 II
A학생	85	80	80	70(표준점수)	65(표준점수)
B학생	70	90	95	70(표준점수)	65(표준점수)
C학생	85	90	95	50(표준점수)	50(표준점수)
D학생	65	85	95	70(표준점수)	70(표준점수)

A학생은 영어 –5점을 감수하고서라도 국어와 국사에 많은 시간을 배분해야한다. A학생은 자기가 보는 영어 문제집을 보면서 모의고사를 매일 2회 정도 푸는 것으로 족하다. 강의도 듣지 말고 2시간 정도 모의고사 문제만 풀어보자.

B학생은 70점을 영어점수로 하고 과투자하지 말자. B학생은 영어가 70점이 나왔더라도 국사, 국어점수가 유지되면 합격할 수 있다. 영어를 잡기 위해 국사나 국어를 소홀히 하면 이미 잡아놓은 국어나 국사까지도 놓칠 수 있다. 언뜻 생각해 보면 B학생은 영어만 올리면 합격을 따 놓은 당상이므로 영어에 많은 시간을 투자해야하는 것이 아닌가 하는 생각을 할 수 있다. 이런 생각은 수험전략이 없어도 매우 없는 어리석은 전략이다.

지금 시간이 100일 넘게 남았다면 그럴 수 있다. 그러나 50일을 남겨둔 상황에서 영어에 과투자 한다면 국사, 국어, 선택과목점수를 유지할 수 없다. 산토끼 잡으려다 집토끼를 놓칠 수 있음을 유의 해야한다. 현재 70점 정도라면 50일을 남겨둔 상황에서 영어에 시간을 투자해도 5점이나 더 오를 것이다. 그러나 잃게 될 점수는 5점이 아니라 다른 과목 15–20점이 될 것이다. 과욕의 결과는 뜻하지 않은 결과를 가져올 수 있음을 명시하기 바란다.

영어에 많은 시간을 투자해야 할 수험생은 D이다. C학생은 영어 -5점을 감수하고라도 선택과목에 많은 시간을 배분해야한다. 50일을 남겨둔 상황에서 영어 투자시간을 결정할 때 기회비용을 반드시 염두에 두기 바란다. 영어 성적이 잘 나와야한다는 생각에 집착한 나머지 과목에 악영향을 미치는 시간투자는 피해야 한다. 영어는 80점부터는 기회비용이 매우 높아지므로 50일을 남겨두고는 점수를 올리는 계획은 금물이다. 또한 나머지 4과목이 점수가 나온다면 굳이 영어에 재능이 없는 수험생이 영어를 잡으려고 해서는 안 된다.

" 목적 없는 공부는
기억에 해가 될 뿐이며
머리 속에 들어온 어떤 것도
간직하지 못한다. "

레오나르도 다빈치

3장
최종 마무리 전략Ⅲ

시험의 합격여부는 시험당일 수험의 여신으로부터 전 과목을 빌릴 수 있는가에 달려있다. 수험의 여신은 수험학적 지식을 대출해주는데 대출유효기간이 다르다. 절묘하게 전략에 따른 계획을 짜야 전 과목의 모든 내용을 7월 시험에 머릿속에 담아갈 수 있다. 예를 들면 다음과 같다.

예1 국사

내용	대출기간
독립운동사	2일
갑오개혁, 갑신정변14조 등, 개혁내용	3일
고대사 무덤, 유물	3일
위정척사파와 개화파 비교	10일
법흥왕, 진흥왕 업적	20일
삼국사기 김부식	30년

예2	행정법
내용	대출기간
행정소송법에서 신청이 반드시 필요한 것	2일
재결 없이 제기 없이	2일
사정판결이 적용되는 소송	10일
제소기간 (90일,1년)	1년
제소기간 판례	30일
계엄선포 당부당, 통치행위	30년

위에서 본 바와 같이 대출유효기간이 내용에 따라 다르다. 수험의 여신은 정리를 잘하고 암기를 열심히 하는 수험생을 총애하는데 이런 수험생에게는 대출기간을 늘려 주기도 한다.

수험의 여신은 이 책, 저 책 여기저기에 내용이 흩어져 있어, 정리가 안 된 수험생은 싫어한다. 이런 수험생에게는 어떤 내용은 대출기간이 한 시간 밖에 안 되는 것도 있다.

예3 수험생의 유형

학생	유형	수험의 여신
A 학생	-기본서는 두껍다. -기본서는 읽을 능력이 없다. -기본서를 읽다가 기출문제 보다가 기출문제도 양이 많아 모의고사로 간다. -요약서를 암기 못한다,뭐하나 제대로 끝낸 책이 없다. -마지막에 일단 뭘 해야 할지 모르겠다. -무엇을 보아야하나 말 그대로 멘붕	수험의 여신이 A학생한테는 대출도 안 해준다.
B 학생	-기본서에 다시 읽지 않을 내용이 지워져 있다. -핵심 키워드가 체크되어 있다. -기출문제를 20페이지 정도 워드로 입력해놓았다. -모의고사는 다시 볼 내용만 3~4 페이지 손으로 정리해두었다. -다시 볼 기본서 페이지가 계획서에 세부적으로 표기되어있다.	수험의 여신의 사랑을 받는다. 대출연장도 가능하다.

대출기간은 과목마다, 한 과목에서도 내용마다 다르다. 따라서 2015년 7월 말에 어떻게 하면 전 과목의 전 내용을 대출받아 시험장에 갈 것인가를 고민하는 것이 수험전략이고 이를 뒷받침하는 것이 수험계획(내가 만든 매일진도표)이다. 대출유효기간이 긴 것은 7월 10일부터는 봐서는 안 된다. 대출 유효기간이 10일 이내인 것을 7월 10일부터 볼 수 있도록 준비 작업하는 것이 지금부터 해야 할 일이다.

● 3월~7월 전체 계획

기간	계획
3월-4월	- 기출문제 + 모의고사에서 다시 볼 지문 체크 경제학 문제 응용능력 제고 영어: 안정적인 70점 확보
5월-6월20일	모의고사나 기출문제 풀이를 통해 드러난 취약한 부분 기본서 집중 읽기와 암기 최종정리 때 다시 볼 객관식 모의고사 지문 정리 작업
6월21일-6월27일	서울시 대비 최종정리
6월30일-7월13일	기본적인 내용을 포함한 기본서 또는 요약서 다시 읽기 법흥왕, 진흥왕 내용까지 다시 읽는다.
마지막 주	『내가 만든 매일진도표』에서 기재된 기본서 페이지 다시 읽기 기출문제와 모의고사 정리한 내용 20p 읽기
마지막 2일	전 과목 기출문제, 모의고사 지문 20p 읽기 대출 2일짜리 암기내용 다시 읽기

시험여신을 나의 편으로,,

시험일에 전 과목의 전 내용을 시험의 여신으로부터 대출을 받기 위해서는 대출유효기간을 내용마다 알아야 한다.

대출 유효기간은 수험생마다, 과목마다, 과목의 내용마다 다르다. 대출 유효기간은 기출문제나 모의고사를 풀어서 확인할 수 있다. 3-4월 기출문제나 모의고사를 풀면서 대출 유효기간을 확인 해두어야 한다. 그리고 7월에 다시 볼 내용을 『내가 만든 매일진도표』에 꼼꼼히 기본서나 요약서 페이지를 적어두어야 한다.

공부초기에 경제학은 유효기간이 매우 짧다. 따라서 3-4월에도 매일 1시간 씩 유효기간이 짧은 경제학 내용을 복습하는 것이 바람직하다. 그러나 경제학이 3-4회독 하면 오히려 유효기간이 길다. 경제학은 유효기간이 길므로 점수에 한번 올라가면 잘 안 떨어진다. 7월에 유효기간이 긴 경제학 공부에는 시간을 적게 투자해야 한다.

헌법의 통치구조, 행정법 각론은 유효기간이 짧다. 3-4월에 주요법조항을 가지고 다니면서 시험에 나오는 조항은 열심히 읽고 암기하자. 열심히 읽고 암기하면 7월에 수험의 여신이 원래 2-3일의 대출유효기간을 4-5일 정도로 연장해 준다. 그렇지 않으면 2-3일의 대출유효기간이 하루로 줄어들 수 있다는 것을 명심해서 점심, 저녁시간에 이동하는 시간을 이용해 읽고 암기하고 또 암기해야 한다.

공부시간과 기회비용, 한계비용

7급은 7과목이므로 과목 간 시간배분이 9급에 비해 더욱 중요하다. 특정 과목에 시간을 지나치게 투자한다면 수험전체의 균형을 깨뜨리게 된다.

국사 점수를 50점 → 60점으로 올리기 위한 시간 투자가 10이라면 60점 → 70점, 70점 → 80점, 80점 → 90점, 90점 → 100점으로 올리기 위한 시간투자는 20 → 30→ 40 →50 으로 증가한다.

생산성체감의 법칙에 따라 한 과목에 투자했을 때 한계비용은 점증한다. 50점에서 80점으로 점수를 올리기 위한 노력이 10이라면 80점에서 95점으로 점수를 올리기 위한 노력은 30이 필요하다. 따라서 한 문제, 한 문제를 맞히기 위한 한계비용은 계속 증가한다.

특히 영어의 한계비용의 증가 정도는 다른 과목에 비해서 매우 크다.

예4 국사, 영어

과목	점수	시간투자	점수	시간투자	점수	시간
국사	60 → 70	10	70 → 80	20	80 → 90	30
영어	60 → 70	20	70 → 80	40	80 → 90	100
행정법	60 → 70	5	70 → 80	10	80 → 90	20
헌법	60 → 70	5	70 → 80	10	80 → 90	20

위 표를 기준으로 하면 영어점수를 70점에서 80점으로 올리기 위해서는 시간투자 60이 필요하다. 현재 국사, 행정법, 헌법이 80점대인 학생이 영어를

70점 → 80점으로 올리기 위한 시간(60)을 국사, 행정법, 헌법에 각각 20씩 투자한다면 세 과목을 90점대로 올릴 수 있다. 따라서 영어 10점의 기회비용은 30점이다. 그러므로 영어 점수 70점대 수험생이 80점으로 올리기 위해 시간을 투자하는 것은 비효율적이다. 영어 10점을 올리기 위해 암기과목 30점을 포기하는 것은 누가 생각해도 어리석은 일이다. 그런데 우리는 어리석은 일을 매일 반복한다. 왜 이런 일을 반복하는 걸까?

막연한 불안감, 전략 없는 수험계획, 영어를 잘해야 합격한다는 중 · 고등학교 때부터의 강박관념, 등이 그 원인이다. 이는 영어에만 적용되는 것이 아니라 다른 과목도 일정 점수가 되면 한계비용이 올라가고 기회비용도 올라간다. 자신이 좋아하는 과목만 계속하는 바보 같은 수험생도 많다.

이를 방지하려면 어떤 노력이 필요할까. 우선 각 과목에 대한 정확한 자신의 점수를 알아야한다. 기출문제나 모의고사를 통해 자신의 점수를 우선 파악해야한다. 그리고 자신만의 기회비용을 계산해야 한다. 헌법, 행정법, 국사, 행정학은 한 문제를 더 맞히기 위해 드는 한계비용이 크게 증가하지 않는 수험생이 있다. 그러나 어떤 수험생은 국사, 행정학의 한계비용이 85점을 넘어가며 크게 증가하는 수험생도 있다.

그 다음 한 과목에 무리하게 투자하지 않으려면 매일매일 계획을『내가 만든 매일진도표』에 구체적으로 공부할 분량을 적어서 이를 준수해야한다. 어떤 수험생은 매 시간 공부할 분량을 적으면 지키기 힘들고 스트레스를 받아 계획을 안 세운다고 한다. 물론 공부분량을 무리하게 잡을 필요는 없다. 그렇다고 계획이 필요 없다고 할 수 없다. 지킬 수 없다고 하여 계획을 세우지 않는다는 것은 국가가 세입예산과 세출예산을 맞출 수 없다고 예산세우기를 포기하는 것과 같다.

세입예산을 세워도 매년 예산을 초과하여 세수가 발생하는 경우도 있고 부족한 경우도 있다. 세출예산도 부족해 추가 경정예산을 제출하기도 한다. 수험계획도 수정은 필요하나 그렇다고 계획이 필요 없다고 할 수 없다. 세입, 세출예산을 맞추기 어렵다고, 예산세우기를 포기하는 것이 얼마나 무책임한 생각인지 쉽게 알 수 있다.

수험계획 없이 공부한다는 것은 항해지도와 나침반 없이 대양을 항해하는 것과 다름없다. 배가 어디로 가는지 어떻게 알 수 있는가. 자신이 공부를 잘하고 있는지 어떻게 알 수 있을까. 계획 없이 공부하다 보니 기회비용을 무시한 과투자가 있고 이는 시험의 실패로 이어진다는 것을 명심하기 바란다.

수험계획표 예시는 카페에 올려놓았으니 참조하기 바란다.

" 배우기만 하고 생각하지 않으면
얻는 것이 없고
생각만 하고 배우지 않으면
위태로우니라. "

공자

황남기와 시행착오없이 **한방**에 **끝**

제 5편

합격자들의
과목별 공부방법론

국어

2015 국가직 7급 관세직 – 박○○

배미진 알찬국어 / 배미진 현대문법 & 어문규정 / 이선재 모의고사

처음 국어를 공부할 때 어떤 강의를 들을까 고민을 많이 했었습니다. 여러 방면으로 검색해본 결과 배미진 선생님께서 가장 강의를 충실하게 해주신다고 하셨기에 배미진 알찬국어를 기본강의로 선택하였습니다. 문학, 비문학, 한자 등은 양이 너무 많고 전부 다 커버가 불가능 하다고 생각하여 기본 강의에서 문학이나 한자는 듣지 않고 넘어갔습니다. 그래도 사자성어는 꼭 나오기 때문에 주제별로 묶어 공부하시는게 좋다고 생각합니다. 저는 따로 공책에 주제별로 사자성어를 정리하여 외웠습니다. 또한 기본강의가 굉장히 양이 많기 때문에 복습을 하려면 시간이 꽤 걸릴 것이라고 생각하여 배미진 현대문법 & 어문규정이라는 책으로 빠르게 복습했습니다. 강의수가 30강 정도밖에 되지 않아 빠르게 회독하기에 적합하다고 생각합니다.

제 생각에는 국어는 문법문제가 많이 나온다고 생각했기 때문에 거의 문법위주로 공부를 했습니다. 나머지 독해나, 한자 등은 이선재 모의고사에서 눈에 익히는 식으로만 하였습니다. 또한 다들 아시다시피 기출이 중요하기 때문에 기출문제집으로도 국어스터디를 하면서 공부했던 지식을 확인하였습니다. 정리하자면 문법은 배미진 선생님으로 하고 나머지는 이선재 선생님 모의고사로 확인하는 식으로 했습니다.

2015 국가직 7급 회계직 – 오○○

선재마무리 / 배미진 어문규정(실강 들음) / s라인한자 / 선재기출실록 / 선재반쪽 / 선재나침반 등등 / 강경욱 기출+모의고사 섞은 책 / 이재현 모의고사책

기본 강의 수강 후 문법이 부족한 느낌이 들어 배미진 문법 실강을 들었습니다.(배미진쌤이 조금 지루하지만 내용은 정말 충실합니다. 명강의 였습니다.) 개인적으로 부족한 과목은 실강듣는 것을 추천드리고 싶습니다. 실강이 물론 비용면에서는 인강보다 더 비쌀 수도 있습니다만 저는 합격자체를 놓고 봤을 때 비용을 고려하고 싶진 않았습니다.

한자는 기출문제 중에서도 특히 중복되는 한자,사자성어 위주로 공부했습니다. 그냥 그것만 보고 안 봤습니다. 나오면 그냥 편하게 틀리자는 생각으로 공부했습니다. 틀리면 본전, 맞히면 보너스 정도로 생각했습니다. s라인한자 책을 보긴 했지만 활용도가 높지 않았습니다.

국어공부는 하루에 2시간 정도 한 것 같습니다. 어학과목은 조금이라도 매일 하는 편이 좋다고 생각합니다.(기본강의, 어문규정 수업 후 매일 모의고사 2 회 정도 풀고 오답 발췌독 & 반복) 왜냐하면 달리 답이 없기 때문에 매일했습니다.

문학, 비문학은 따로 공부하면 비효율적(물론 고전문학 빈출은 공부해야 하지만 결론적으론 다시 공부해도 안 할 생각–7과목을 공부해야 함 시간은 한정되있는 것을 생각해야 함)입니다.

국어는 기출이 이상하게 다른 과목보다 쉽게 외워지는 경향이 있었습니다.. 모의고사를 어쩔 수 없이 봤는데 한 선생만 사는 것은 위험합니다. 저는 거의 이선재 전집으로 모든 책을 샀는데 문제가 많이 중복됐습니다.(다른 책이어도 문제분위기가 비슷비슷) 가능하다면 선생을 섞어서 모의고사책 사는 것을 추천드리고 싶습니다.

2015 국가직 7급 – 김○○

국어는 작년 5월에 선재국어 기본강의를 들은 후, 4권을 제외하고 기본서는 다시 보지 않았습니다. 국어는 간간이 아침 모의고사만 풀다가, 12월 말에 선재마무리를 들으면서 다시 정리했고, 네이버 밴드 스터디를 통해 시험 전까지 선재마무리만 반복해서 돌렸습니다. 선재국어 4권의 경우, 스터디를 통해서 한자만 보고 음, 뜻 모두 알 수 있는 것을 목표로 하여 한자성어만 11월부터 반복해서 돌렸습니다. 기출실록은 1권에 있는 문법 부분만 풀었고 표준어, 외래어, 57항 등 헷갈리는 부분은 혼자서 OX로 볼 수 있도록 아래와 같이 타이핑하기도 하였습니다.

(예시1)

선재마무리 주의해야 할 외래어 표기

1	가라데	가라테
2	개스렌지	가스레인지
3	가십	가쉽
4	까운	가운
5	가톨릭	카톨릭
6	그래프	그라프
7	그라데이션	그러데이션
8	그라스	글라스
9	글로브(glove)	글러브
10	글로브(globe)	글러브
11	키타	기타
12	깁스	기브스

56	랑데뷰	랑데부
57	랩톱 컴퓨터	랩탑 컴퓨터
58	런닝셔츠	러닝셔츠
59	러키세븐	럭키세븐
60	레미컨	레미콘
61	레슨	렛슨
62	레이더	레이다
63	레스비언	레즈비언
64	레크레이션	레크리에이션
65	레퍼리	레프리
66	레파토리	레퍼토리
67	렌터카	렌트카

111	바겐세일	바겐쎄일
112	바리깡	바리캉
113	바리케이드	바리케이트
114	바바리	버버리
115	바베큐	바비큐
116	배스킷	바스켓
117	바텐다	바어텐더 바텐더
118	배턴(baton)	바통 바톤
119	발렛파킹	발레파킹
120	배지	뱃지
121	배터리	밧데리
122	백밀러	백미러

(예시2)

선재국어 표준어 600선

331	안주꺼리	안줏거리
332	안팎	안밖
333	알나리깔나리	얼레리꼴레리
334	아다시피	알다시피
335	알맞는	알맞은
336	알맹이	알멩이
337	알송달송	알쏭달쏭
338	알아맞추다	알아맞히다
339	아는체하다	알은체하다
340	애걔걔	애개개
341	애교덩어리	애굣덩아리
342	애닯프다	애닯도록 애달프다 애달프도록
343	애면	엄한 애먼

386	오지랖	오지랍
387	옳바르다	올바르다
388	옴짝달싹	옴짝달싺
389	왇자지껄	왁짜지껄
390	외가리	왜가리
391	왠지	웬지
392	외톨이	외토리
393	요컨대	요컨데
394	우레[雷]	우뢰
395	울궈먹다	우려먹다
396	우유빛	우윳빛
397	욱씬거리다	욱신거리다
398	욱여넣다	우겨넣다

(예시3)

선재마무리 57항

1. [가닥/가락]을 나누다.
2. 그의 음성은 약간 처량한 [가닥/가락]을 띠었다.
3. [가닥/가락]이 굵다.

62. 법인이 허위 자백을 한 경위는 반드시 [구명/규명]돼야 한다.
63. 서정시와 서사시의 [구별區別/구분區分].
64. 열차의 좌석을 흡연석과 금연석으로 [구별/구분]해 놓았다.

☞ (다시 공부를 한다면) 선재국어 기본강의를 들은 후 기출실록을 반복해서 풀다가, 선재마무리 강의가 나오면 듣고 '선재마무리+기출실록+(4권)한자성어'를 계속 반복할 것 같습니다. 그리고 아침 국어 모의고사를 꾸준히 풀면서 감을 유지할 것 같습니다.

2015 국가직 7급 세무직 – 김○○

재정국어 / 이선재 마무리

재정국어는 공무원 수험을 시작하면서 가장 처음 인강으로 접한 과목이었다. 콘텐츠 자체도 매우 방대하고 수업 또한 상당히 길었던 것으로 기억한다. 가장 처음 접한 과목이었고, 심리적으로 매우 불안한 시기에 들었던 강의여서 그런지는 몰라도, 강의의 요점을 잡지 못했다. 하지만 교재는 수험기간 내내 국어 공부의 anchor로 삼아 자주 참고 했다. 선재 마무리는 확실히 요점위주로 컴팩트하게 구성되어 있어, 절대적으로 시간이 부족했던 올해 많이 참고 했었다.

• 문법 : 문제풀이를 반복하며 틀리는 부분이 있으면 기본서를 찾아가는 방식으로 했다.

• 단어, 고유어 : 작년에 했던 오프라인 국어 스터디가 많은 도움이 되었다. 서로 문제를 내며 맞춰가는 형식으로 했는데, 내가 문제를 만들면서 많은

궁리를 하게 되어 좀 더 기억에 남았던 듯하다.

• 한자: 일본어를 알기에 한자에 대한 부담은 별로 없었다. 중요한 단어나 고사성어 위주로 공부했다.

2015 국가직 7급 세무직 – 손○○

선재국어 / 선재마무리 / 선재 기출문제

선재기본강의를 듣고 연 초에 선재마무리로 한 스터디가 도움이 많이 되었습니다. 국어에 자신이 없었기 때문에 스터디를 통해 진도가 쳐지지 않고 회독수를 높일 수 있었습니다. 스터디 원들이 돌아가며 하루에 문법 고유어 한자성어 등 종합적으로 문제를 내고 푸는 방식의 스터디였습니다. 문제 푸는 것도 좋았지만 스스로 문제를 내면서 마무리 책을 꼼꼼히 볼 수 있었습니다. 기본서는 마무리를 보고 약한 부분을 보충하는 식으로 활용하였습니다. 기출문제는 시간상 현대문학, 비문학은 풀지 못했습니다.

2015 국가직 8급 국회사무처 – 김○○

이선재 선생님 기본강의

마지막까지 제가 가장 걱정을 많이 한 과목입니다. 하지만 7급 시험은 조정점수가 적용되지 않기 때문에 국어는 방어과목으로 남겨두고 행정법, 헌법, 경제학으로 점수를 만회해야겠다고 생각하며 맞출 수 있는 문제는 반드시 맞추고 나머지는 틀리겠다는 생각으로 공부했습니다. 문법, 표준어, 외래어파트는 꼼꼼하게 외워서 반드시 맞출 수 있도록 해야 합니다.

• 문법 : 기본서를 회독하기 보다는 기출문제를 많이 풀면서 문제를 통해 접근하도록 노력했습니다. 기출문제를 풀 때에는 문제지에 정답을 표시하지 않고 연습장에 표시했습니다. 기출문제를 충분히 회독한 후에 나침판 모의고사 등등 시중에 모의고사가 나올 때부터 기출문제보다는 모의고사를 풀면서 공부했으나 시험준비 기간(시험 전10일)에는 다시 기출문제를 반복해서 풀었습니다.

• 표준어, 외래어 : 항상 옳은 단어와 틀린 단어가 교재의 정해진 위치에 있어서 제가 이것을 암기한지 자체를 몰랐습니다. 그래서 A4용지에 순서를 섞어서 타자로 친 후에 빨간색 볼펜으로 O,X를 표시하고 그것을 빨간색 셀로판지로 가려서 산책하거나 틈틈이 O,X를 구분하는 연습을 하면서 외웠습니다.

• 고유어 : 선재국어4권 앞부분(단위, 나이, 사람)만 중점적으로 외웠습니다. 나머지는 외울 수도 없고 나온다 하더라도 정답을 고를 확률이 낮다고 판단해서 암기하지 않았습니다.

• 한자 : 사자성어는 철저하게 외웠습니다. 하루에 1페이지를 정하거나 일정한 양을 정해서 여러 번 회독하도록 노력했습니다. 나머지 한자는 모의고사에 나오는 정도를 노트에 적어보거나 헌법조문을 한자로 적힌 것을 뽑아 들고 다니면서 읽는 정도로 대체를 했고 크게 시간을 투자하진 않았습니다.

2015 국가직 7급 일반행정 – **장○○**

선재 국어 기본서 / 수비니겨 / 나침반 모의고사 / 기출 실록

국어는 공부하면서 제가 가장 애먹은 과목 중 하나입니다. 저는 제가 합격한 2015년 국가직 7급 시험을 제외한 모든 국어시험을 70점으로 통일하기도 했습니다. 또한 가장 강의를 많이들은 과목이기도 합니다. 먼저 문법의 경우에는 수비니겨를 기본으로 약 20일 분량으로 나눈 후 거의 매일 반복하여, 수비니겨에 나온 문제를 거의 외울 수준으로 보았습니다. 그 외의 독해나 문학 쪽은 기미독립선언서를 제외하고는 그냥 매일 아침에 푸는 모의고사에 나오는 것들만 공부하였습니다. 국어 단어는 선재 국어 4권을 마찬가지로 30일 분량으로 나눈 후 매번 반복했는데, 나중에는 고유어 부분은 기출문제에 나온 것만 외우는 방식으로 공부하였습니다.

2015 국가직 7급 교육행정직 – **최○○**

선재국어 기본서 / 선재국어 기출문제집 & 나침반 모의고사

국어는 크게 문법, 비문학 독해, 문학 독해, 한자 문제로 이루어져 있습니다. 문법의 경우, 공부를 어느 정도 하면 맞출 수 있는 문제이기 때문에 저는 국어 공부에 있어 문법 공부에 시간을 많이 할애하였습니다. 문법 인강을 빠르게 한 번 듣고, 띄어쓰기, 한글맞춤법, 장단음 등 중요 파트별로 나누어 그 부분을 읽고 쓰고, 눈으로 보면서 암기하였습니다. 비문학 독해는 따로 강의를 듣지 않고, 바로 문제로 접근하였으며, 문학 독해의 경우, 제가 놓치는 지식이 있을 것 같아 선재국어 인강을 빠르게 한 번 들었습니다. 한자의 경우, 처음에는 공부를 해야 불안감이 덜어질 것 같아 선재국어 4권의 한자를 따라 그렸습니다. 그 시간이 조금 아깝기도 하였지만 시험장에서 혹시나 아는 문제

가 나올 수도 있다는 희망과 기대감으로 하루 10분에서 20분정도 영어 단어 외우듯이 따라 그렸습니다. 대신 선재국어 4권의 고유어 앞부분은 매일 반복해서 읽으며, 새롭고 낯선 단어들에 익숙해지려고 노력하였습니다.

2015 국가직 7급 – 전○○

배미진 기본 통합 강의를 신청하긴 했으나 문법부분만 빠르게 배속을 하여 1주일 정도에 다 듣고 문학이나 비문학 등은 전혀 듣지 않았다. 강의를 들을 때 초점을 뒀던 부분은 세부적인 내용이 아니라 어떤 내용이 어디에 있는지 확인하는 정도였다.

이후 기출문제를 단원별로 하루 1~2시간씩 매일 풀었다. 풀면서 필자가 가지고 있는 상식으로 풀리는 문제들은 신경 쓰지 않았고, 내용적인 측면을 모르는 문제들에 대해서만 기본서를 찾아보는 방식으로 공부했다. 1~2회독까지는 힘들었지만 3회독 이상 보게 된 이후에는 문제의 답을 다 외울 정도가 되었고, 어려운 내용의 경우는 기출문제와 연관 지어서 항상 생각했다. 보다 보니 보는 속도도 빨라져서 기출문제를 7회독 이상은 한 것 같다.

기본 강의도 듣지 않고 문학이나 기타 문제들을 어떻게 푸냐고 하는 질문을 많이 받았는데, 사실 문법을 제외하고 모르는 내용이 나오는 경우는 그냥 문제와 답을 여러 번 봐서 익숙하게 만들었다. 어차피 모의고사에 한두 번 나오는 문제들의 변형이 나와도 결국 기출의 변형이기 때문에 기출문제에 그런 문제가 있다는 것만 인지하고 있다면 어렵지 않게 답을 맞힐 수 있다. 문학 같은 경우는 공부를 하기 보다는 항상 느낌을 파악하고 문제를 푸려고 노력했다.

국어의 경우 자잘한 내용이 정말 많다. 필자는 그런 경우는 과감히 버렸다. 예를 들어 형태소의 개수를 구하는 문제 같은 경우는 시간이 오래 걸리고 풀어도 맞는다는 보장은 없는데 공부해야할 내용은 정말 많다. 그런 내용은 과감히 버림으로써 국어는 최소한의 시간을 투자했다. 점수는 7급의 경우는 65점~85점을 오르내렸지만 9급 시험의 경우는 항상 90점대를 맞았다.

한 가지 아쉬운 점은 국어 마지막에 볼 내용 바운더리를 정하지 못했다는 점이다. 그렇기 때문에 7급 고득점을 맞지 못했다고 생각한다. 배미진 선생님의 경우 기본강의는 상당히 좋지만 마무리교재나 모의고사 등이 매우 빈약하다. 선재국어 마무리 강의를 듣고 그것으로 공부하려 했으나 시간이 부족하여 하지 못했는데, 국어는 본인이 바운더리 정하기가 매우 어려운 과목이므로 마무리 강의를 듣는 것이 많은 도움이 될 것 같다.

한자의 경우 강사들이 각개 한자를 음, 뜻을 모두 가르치는 것을 모두 공부하려고한다면 절대로 1년 안에 합격할 수 없다고 생각한다. 필자는 기본서에 있는 한자어를 하루에 3개씩 적고 보고 음을 읽는 방식으로만 공부했다. 이것을 하루하루 쌓아 400개 정도의 한자어를 정리했고 이것만 계속 반복해서 음을 읽는 방식으로 공부하였다. 한자문제는 공부해서 다 맞추려는 것 보다는 반만 맞추겠다는 마음으로 접근하는 것이 가장 좋은 마음가짐일 듯싶다.

영어

2015 국가직 7급 관세직 – **박○○**

문법 : 코아잉글리시/ 한덕현464 / 기출리뷰 / 215영작 / 아침모의고사
독해 : 한덕현 독해기적 / 한덕현 독해스킬 / 아침모의고사
생활영어, 숙어 : 한덕현 열흘만에 끝내는 생활영어 / 아침모의고사
단어 : 보카바이블

노량진에 입성할 때 가장 힘들 것이라고 예상하고 가장 힘들었던 과목이었던 것 같습니다. 1형식조차 몰랐기 때문에 그에 맞는 수준에 강의를 하시는 선생님들이 많지 않으셔서 애를 먹었습니다. 그러다가 알게 된 강의가 김채환 선생님의 코아 잉글리시 였습니다. 완전 초보 강의부터 가르쳐주셨고 1형식부터 차근차근 배워나갔습니다. 기본 토대가 쌓인 뒤 합격자 분들과 상담한 결과 한덕현 선생님의 464문법 강의를 추천받았습니다. 강의를 듣기 전에는 아침 모의고사에서는 20점을 맞았지만 강의를 다 듣고나서는 70~80점대에 올라있었습니다. 어느정도 실력이 쌓이고 나서 기출리뷰 강의를 들으며 기출유형을 파악하고 응용되어 나올 수 있는 문제들이 어떤 것들이 있는지 파악하는 연습을 했습니다. 덕분에 9급과 7급에서 문법문제는 다 맞힐 수 있었습니다.

독해는 제가 지금까지도 어려워하는 부분이 아닐까 싶습니다. 독해가 가장 저를 힘들게 했던 부분이었는데 독해기적을 들으면서 독해 스킬을 익혔습니다. 선생님께서 독해 구문을 분석해주시면서 문법도 같이 설명해 주시기 때문에 문법 실력이 굉장히 많이 늘었던 것 같습니다. 제 생각에 9급은 앞,

뒤 문장만 봐도 대부분 답이 보이는 경우가 많기 때문에 독해 스킬을 배우면 더 좋을 것 같습니다. 7급의 경우에는 독해가 좀 더 복잡하고 어렵기 때문에 스킬도 중요하지만 기본적 해석 능력이 뒷받침 되어야 한다고 생각됩니다.

단어는 책상에서 앉아 공부하지 않고 자기 직전이나 아침에 일어나서 머리를 말리며 보고 밥을 먹으면서 봤습니다. 책상에서 단어를 외우기에는 다른 과목에 타격이 간다고 생각했기 때문에 틈틈이 짬나는 시간에 외우고 아침에는 스터디를 하면서 외운 것을 확인하는 방식으로 하였습니다.

생활영어와 숙어는 사실 양이 굉장히 많기 때문에 9급 때는 아침에 하는 모의고사를 정리하는 정도로만 했었습니다. 그러다가 아침 모의고사에서 생활영어와 숙어가 좀 부족하다고 느끼게 된 계기가 있어서 7급을 할 때는 한덕현 열흘만에 끝내는 생활영어를 하루에 한두개씩 가볍게 들었습니다. 많은 시간 투자를 할 수 없었기 때문에 그냥 눈에만 익히자는 식으로 공부했던 것 같습니다.

제 영어 공부에 있어서 가장 중심이 됐던 것은 아침 모의고사와 문법이었습니다. 아침에 모의고사 영어 20문제를 25분 안에 푸는 연습을 매일 매일 하는 것이 굉장히 중요하다고 생각합니다. 그래야만 시험장에 가서도 30분을 넘기지 않을 수 있기 때문입니다. 또한 영어시험의 주는 문법이기 때문에 문법을 소홀히 하시면 안 된다고 생각합니다. 저 또한 문법 위주의 공부를 했고 문법은 거의 틀리지 않았기 때문에 남들이 맞는 점수만큼은 맞을 수 있었다고 생각합니다.

2015 국가직 7급 회계직 – 오○○

강수정 기출문제집 / 신성일555 / 한덕현464 / 스파르타 영어모의고사

영어에 대한 부담은 없었기 때문에 기출문제, 555,464(본인 같은 경우는 일주일 만에 문법문제집 두 책 전부 다 봄)를 전부 푼 후 스파르타에서 제공되는 영어만 꾸준히 풀었습니다. 모든 과목은 기출이 우선순위고 영어도 생활영어나 이디엄, 어휘문제는 기출에서 많이 반복이 됩니다. 기출을 먼저 정복하세요. 강조하고 싶은 것은 모든 과목이 마찬가지겠지만 스파르타(굳이 아니더라도 타학원에서) 순위권 안에 드는 것입니다. 영어같은 경우는 거의 상위 10% 안 에 있었습니다.

2015 국가직 7급 – 김○○

신성일 555 강의를 들으면서 문법 정리를 했고 이후에 스터디를 통해서 계속 반복하였습니다. 영어단어의 경우 여러 책을 헤매다가 결국 신성일 3권, 4권으로 정착했고, 이 두 권을 온라인 스터디를 통해서 계속 반복하였습니다.

☞ (다시 공부를 한다면) '신성일 555'를 문법 기본서로, 신성일 3권, 4권을 단어 및 숙어 책으로 삼고 스터디를 통해서 계속 반복할 것 같습니다. 영어 모의고사는 살짝 어렵다고 느끼는 것을 찾아서 매일 혹은 격일로 꾸준히 풀면서 감 유지를 할 것 같습니다. 영어 같은 경우 모의고사를 꾸준히 푸는 것이 정말 중요하다고 생각합니다. 암기과목에 조급해 하여 올해 여름에 영어를 한 달 정도 손을 안 댔었는데 점수가 많이 떨어졌습니다.

2015 국가직 7급 세무직 – 김○○

신성일 555 / 김신주 매직아이 / 스파르타 모의고사

대학교 때 수업을 영어와 일본어로 수강했다. 해외에서 일한 경험도 있기에 영어에 대한 거부감이 상대적으로 적었지만, 내가 아는 영어를 수험용 영어로 바꾸는 주파수 조절 작업이 필요했다. 사실 나는 전치사네, 관계대명사네 하는 문법적 공식을 아직도 잘 모른다. 그저 예전부터 영어에 많이 노출되었기에 문법적으로 왜 틀린지는 모르지만, 뭔가 하자가 있는 문장이면 이질감을 느낀다. 한국에서는 영어를 대개 수험용으로 공부하기 때문에 많은 사람들이 부담을 느낀다. 기회가 주어진다면 "수험 영어"가 아닌 "실제 영어실력"을 올릴 수 있는 방법을 따로 올리도록 하고, 여기서는 내가 공부한 수험 영어 공부 방법에 집중하겠다.

- 문법 : 영어시험을 보면 거의 유일하게 틀리는 파트였다. 나는 미드나 실제 회화 속에서 영어를 배웠기에 구어체적 영어를 많이 쓴다. 구어체로는 분명 이상 없는 문장인데 수험에서는 틀린 것으로 치부하는 것이 종종 있었다. 신성일 555를 보면서 각 문법에 나오는 대표적인 문장들을 암기하고, 그 문장 구성을 가진 새로운 문장들을 만들어 보면서 익숙해지려고 노력했다.

- 단어 : 수험 영어는 단어도 정말 해괴하다. 현지인들이 전혀 쓰지 않는 단어들이 나오고 쓸데없이 학술적인 단어들도 많이 나온다. 총무일을 하는 동안 내가 한 일중 한 가지가 김신주 선생님의 매직아이 영단어 문제를 토대로 새로운 문장과 문제를 구성하는 것이었다. 매일 그것을 반복하는 동안 자연스레 내 공부가 되었다. 특히 중요한 것은 단어를 문장 속에서 외워야 한다는 것이다. 내 머릿속에는 영어가 공식으로 들어있지 않다. 전술했듯이 나는 미드나 회화 속에서 영어를 배웠기 때문에 머릿속에 등장인물들의 대화

문장자체가 통째로 들어가 있다. 만약에 내가 외국인과 말을 해야 하는 상황이 생긴다면 그때 가서 머릿속에서 문장공식에 맞게 문장들을 구성하는 것이 아니라 내가 어디선가 들었던 문장 자체가 입으로 흘러나온다. 실제로, 내가 만든 단어 문제들을 보면 미드의 대사에서 인용한 문장이 많다. 그렇게 많은 문장들이 머릿속에 있으면, 그 문장 속에 쓰인 단어의 뉘앙스를 파악할 수 있게 되고, 더 나아가 문법적으로 틀린 문장을 접하게 되면 이질감을 느낄 수 있게 된다.

- 독해 : 대학시절부터 많은 영문 텍스트를 접했기에 그렇게까지 부담을 느끼지는 않았다. 실제 시험에 있어서 영어는 20분 내에 풀 수 있는 전략과목이었다. 독해실력을 늘리기 위해서는 역시 많은 노출 밖에 없다. 다양한 텍스트를 읽어보고 내용을 파악하는 연습을 해야 한다. 닥치는 대로 읽어보라.

2015 국가직 7급 세무직 – 손○○

이전엔 스스로 영어를 못한다고 생각해 본 적은 없었지만 영어 기출을 풀면 60점 맞기 일쑤였습니다. 단어와 문법이 취약하고 푸는 속도가 느렸기 때문입니다. 연 초에 영어단어 스터디를 했지만 도움이 되었다고는 얘기할 수 없습니다. 단어공부는 워낙 범위가 광범위하고 버겁다고 느껴져 독해 시에 모르는 중요한 단어들만 포스트잇에 써 외우는 것으로 대체했습니다. 영어 공부를 따로 하기 보다는 날마다 빠지지 않고 한덕현, 성기건 모의고사를 풀었습니다. 아침에 자리에 앉으면 시간을 25분 딱 맞춰 풀고 리뷰 하는 것을 게을리 하지 않았습니다. 성실하게 날마다 실전처럼 문제를 풀면서 감도 익히고 비록 점수가 나오지 않는 날도 자신감을 잃지 않고 담담히 계속 할 수 있었습니다. 세달 정도 꾸준히 한 후에는 70~90점 정도로 안정적인 점수를 받았던 것 같습니다.

2015 국가직 8급 국회사무처 – 김○○

이동기 선생님 기본, 기출강의 / 한덕현, 성기건 선생님 모의고사강의

처음 공무원 공부를 시작하면서 2013년 7급 영어기출문제를 풀어봤는데 시간제한 없이 풀었음에도 45점이 나왔습니다. 처음부터 영어를 잘하신다면 좋겠지만 저처럼 영어에 대한 지식이 없더라도 기죽지 마시고 차분한 마음으로 꾸준하게 공부하면 됩니다. 3월부터 시험 보는 날까지 영어는 놓지 않았습니다.

• 문법 : 3,4월에는 기본강의를 들었습니다. 기본강의 후에 4시간은 복습시간으로 활용했는데 선생님께서 수업시간에 필기해주신 것을 노트로 정리하면서 복습했습니다. 한 번 노트로 정리한 후에는 반드시 진도만큼 문제를 풀어보며 배운 내용이 어떻게 문제로 출제되는지 느낄 수 있도록 노력했습니다. 저는 한 교재를 여러 번 보는 것보다는 많은 선생님들의 문법 문제지를 사서 풀어봤습니다. 새 책을 사면 같은 문제를 풀더라도 생소한 느낌이 들어서 영어문제지를 구입해서 푸는 데는 많은 시간을 투자한 것 같습니다.

• 단어 : 방대하지 않은 단어장이라면 어떤 단어장을 구입하시든지 상관없다고 생각합니다. 중요한 것은 틈틈이 외우는 것이고 반복해서 보는 것입니다. 학원 앞 신호등을 기다리면서 또는 실강을 듣기위해 줄서있는 시간을 활용해서 단어를 보는 것을 추천해 드립니다. 단어도 어느 정도 암기가 되어있다면 문제위주로 접근해야 합니다. 시험에서 묻는 방식도 비슷하고 반드시 문제에는 정답에 대한 근거가 있으니 어느 문제를 풀든 근거를 잡는데 신경을 곤두세우셔야 합니다. 김신주 선생님의 매직아이 단어집을 구입해서 하루에 20문제씩 풀었으며 총 3번을 풀었습니다. 그 후엔 한덕현, 성기건 선생님 모의고사에 나오는 단어만 보고 넘어갔습니다.

• 독해 : 영어가 시간을 잡아먹는 가장 큰 원인이라고 생각합니다. 시험장 가셔서 처음부터 끝까지 모든 지문을 해석하고 답을 내는 것이 아닙니다. 객관식 시험이고 시간이 정해져 있는 만큼 긴 지문 속에서도 가장 핵심이 되는 내용이 있을 것이고 흔히들 주제문, 정답에 대한 근거라고 합니다. 평소 모의고사를 풀 때 이런 핵심 지문을 근거로 해서 답을 내는 연습을 하셔야 합니다. 그리고 내가 틀렸다면 어떻게 생각해서 답을 냈고 왜 틀린지, 결국 정답에 대한 근거는 무엇인지 계속해서 고민해야 합니다. 하나하나 해석하는 연습도 중요하겠지만 근거를 찾고 답과 연결시키는 연습에 중점을 두셔야 합니다.

• 모의고사 : 영어 모의고사는 월, 수, 금요일에 신림동에서 하는 성기건 선생님 실강을 들었고 화, 목, 토에는 한덕현 선생님 인강을 들었습니다. 두 분 모의고사 모두 어느 정도 난도가 있지만 풀다보면 적응되고 오히려 시험장에서 편하게 해줄 수 있었던 것 같습니다. 또한 모의고사를 볼 때에는 반드시 20문제를 풀면서 스트레스관리 훈련까지 하는 것을 추천합니다. 모의고사를 풀 때에는 마킹시간까지 25분-30분 내에 푸는 연습을 했고 모르면 찍었습니다. 강의를 듣고 다음날 새벽에 복습을 했는데 큰 독해문제를 한번 해석해 본 후에 연습장에 문법, 단어, 독해에서 모르는 단어를 정리했습니다. 이렇게 월-토요일까지 정리된 연습장은 일요일에 복습하는 식으로 일주일 오전에는 영어공부를 했습니다.

2015 국가직 7급 일반행정 – **장**○○

김신주 매직 아이 기본서 / 이동기 모의고사 / 한덕현 레드.그린 모의고사 / 조은정 하프 / 이리라 모의고사 / 손쌤 보카 핸드북

저는 영어의 경우에는 스스로 어느 정도 베이스가 있다고 생각했습니다. 따라서 독해는 아침에 푸는 모의고사 외에는 따로 공부하지 않았습니다. 단어는 스터디를 구성하여 매일 아침마다 일정 분량을 외웠고 문법은 아침 모의고사에 나오는 문법을 해설이나 기본서를 찾아보며 공부하는 정도로 그쳤습니다. 다만 영어에서 가장 중시하는 것은 꾸준함이었기에 단 하루도 단어와 모의고사를 빠뜨리지 않도록 주의하였습니다.

2015 국가직 7급 교육행정직 – 최○○

신성일 PASS 통합영어 기본서 & 단어집 / 555영문법 / 조은정 하프모의고사 / 이동기 모의고사 / 공단기 영어 모의고사

영어 문법 강의를 한 번 듣고, 그 이후로 바로 문제를 풀었습니다. 모르는 문제나 자주 틀리는 문제의 경우, 기본서에 직접 그 부분을 찾아가 ☆표시를 하고, 자주 보려고 노력하였습니다. 영어 문법 지식의 경우, 잘 휘발되지 않기 때문에 최대한 빨리 공부해두고, 시험이 다가올수록 최대한 암기과목 공부에 투자했던 것 같습니다. 독해의 경우 어느 정도 자신만의 독해 방법을 가지고 있다면 바로 문제를 푸는 것이 좋을 것 같습니다. 저는 매일 10문제라도 독해문제를 푸려고 노력하였습니다. 독해가 어느 정도 되는데 문제가 틀리는 것은 저의 경우에는 '단어'를 몰라서였습니다. 그래서 매일 30개에서 50개의 단어를 외우고, 다음날 바로 저 스스로 단어 문제를 만들어 점검하였습니다. 또, 공무원 영어 시험의 경우 정말 낯선 단어 문제들이 많이 나오는데, 최대한 숙어나 단어들을 눈에 익히려고 자주 보았습니다.

2015 국가직 7급 – 전○○

영어 단어는 보카바이블을 봤다. 표제어 2회독을 한 후 표제어 3회독 시에는 보카바이블 어근편을 같이 봤으며 4회독부터 파란색 동의어를 같이 보기 시작했고 파란색 동의어까지 기본편을 10회독 이상 했다고 생각한다. 어근편의 경우는 표제어 3회독 시 같이 딱 한번만 외웠고 이후에는 모르는 단어가 있을 때 색인에서 찾아보는 방식으로만 봤다. 어근편 같은 경우 암기는 선택사항이지만 표제어 파란색 동의어 단어들이 많고, 또 어근별로 묶어서 학습하게 해준다는 점에서 여력이 있으면 보는 것이 좋다고 생각한다. 다만 어근편의 단어하나하나를 외우는 것까지는 필요 없고 한번만 외우면 나중에 찾아봤을 때 기억이 쉽게 나므로 한번정도만 공부해주면 된다.

문법은 신성일 555의 111개 내용 파트를 하루 5개씩 꾸준히 봤다. 2회독부터 모의고사 문제를 풀기 시작했다. 문법은 암기 외에는 답이 없다고 생각한다. 필자는 문장 위주로 동의표현들을 아래처럼 통째로 외워버렸다. 원리를 외우면 필요할 때 적용이 빨리 안 된다.

It was not until yesterday that he realized the fact. Not until yesterday did he realize the fact. He didn't realize the fact until yesterday.

이렇게 문장을 통으로 외우는 방식으로 문제를 쉽고 단순하게 풀어 문법을 잘 맞힐 수 있었다고 생각한다.

그리고 하루에 새벽모의고사 1회분을 풀고 해설 강의를 봤다. 영어는 본인이 맞은 문제는 잘 보지 않게 되는 경향이 있는데 강의를 들으며 모르는 것은 알게 되고, 아는 것도 다시 한 번 점검하게 되어 강의를 듣는 것은 꼭 추천하고 싶다. 시간을 정해서 하루 모의고사 1회를 꼭 풀어야 한다. 영어는 몰라서 틀리는 경우보다는 시험장에서 멘탈붕괴가 일어나 망하는 과목이다. 하루에 모의고사 1회씩 매일 푸는 습관이 들어있어야 시험장에서도 똑같이 자기실력을 낼 수 있다. 하프모의고사를 강의하는 영어강사가 있는데, 이는 무조건 피해야할 강사이다. 영어시험의 본질을 전혀 파악하지 못하는 강사이므로 들을 가치조차 없다. 10문제씩 풀다가 20문제를 마주하면 10번 이후 문제부터는 평상시 연습이 전혀 안 되어있기 때문에 제 실력을 낼 수 없다. 영어는 어려운 단어가 나와 모르는 것은 틀려도 된다. 다른 사람도 다 틀린다. 다만 본인이 맞출 수 있는 문제는 꼭 맞춰줘야 한다. 그러기 위해 하루에 20문제씩 푸는 습관을 항상 길러야 한다. 필자는 쉬는 날에도 감각을 유지하기 위해 아침에 영어 모고 1회분은 꼭 풀고 쉬었다. 이것이 습관이 되면 막상 시험장에서도 매일 풀던 느낌 그대로 문제를 풀 수 있다. 다시 한 번 말하지만 영어는 모르는 것은 틀려도 된다. 다만 아는 것을 확실히 맞추고 나와야 한다. 때문에 하루에 꼭 모의고사 1회분을 시간재고 풀 것을 당부한다.

숙어의 경우는 거의 공부하지 않았다. 이유는 간단한데 시간 투자대비 효율이 좋지 않아서이다. 숙어만 다루는 나오지 않거나 많아야 한 문제 나오는데 공부한다고 맞출 보장이 매우 적다. 그렇기 때문에 숙어는 아는게 나오면 좋고 모르면 그냥 찍는 방법을 택했다.

마지막으로 평소 모의고사 풀 때 필자는 30분 + 5분의 시간을 정하고 영어문제를 풀었다. 수험생들이 30분으로 보통 정하고 풀지만 필자가 이렇게 한 것은 두 가지 이유가 있다. 첫째는 문제가 어렵거나 할 때는 30분으로 모자란 경우가 있어서 +5분을 한 것도 있어서 이고 둘째는 시험장에서 마지막에 시간이 좀 남으니 그 시간에 한 번 더 보는 연습을 한 것이다. 다 풀고 5분정도 풀었던 영어문제를 스캔하고 좀 헷갈렸던 것들을 고치는 습관을 평소에 연습했더니 마지막 5분에 1~2문제를 항상 고쳐서 맞추는 스킬을 터득하여 고득점에 많은 도움이 되었다.

한국사

2015 국가직 7급 관세직 – 박○○

민주국사(+노범석 필기노트) / 노범석 speed check / 신영식 해동한국사 / 노범석 유형별 끝장내기/ 노범석 모의고사

국사는 인강으로 들으면 집중이 될 것 같지 않아서 9급 당시 유일하게 실강으로 들었고 선생님께서 직접 목소리로 녹음하신 파일을 이동할 때 들으면서 기본 뼈대를 잡으려고 노력했습니다. 또한 위너스 클럽이라는 모의고사를 무료로 제공해주셔서 매주 수요일 1시에 20분에 OMR까지 작성해서 내는 국사 모의고사를 들었습니다. 이것 또한 실제 시험장에 가서 정확히 빨리 풀 수 있는 연습을 할 수 있는 기회였습니다.

기본강의를 듣고 복습이 느릴 것을 감안하여 실강으로 들었던 똑같은 인강을 신청하여 2배속으로 빠르게 복습했습니다. 그렇게 기본강의를 다 끝마친 뒤에는 speed check로 빠르게 1회독 하였습니다. 30강 정도밖에 되지 않기 때문에 빠르게 1회독 하기 괜찮다고 생각합니다. 동시에 기출문제를 풀었는데 문제수가 너무 많기 때문에 공무원 문제만 풀었습니다. 문제들이 대부분 많이 반복되기 때문에 나중에 돼서는 속도가 빨라져 기출 회독이 빨랐습니다.

많은 수험생들이 근현대사에 대해서도 많이 힘들어하는 것 같습니다. 기본적으로 근현대사는 전근대사와 다르게 공부하는 것이 맞다고 생각합니다. 100년단위로 공부하는 전근대사의 방식을 근현대사 공부방식에 적용하는 것은 조금 부적절하다고 생각됩니다. 근현대사는 좀 더 촘촘히 10년 단위로 공

부해야하고 전근대사에서 왕 이름을 외우듯이 독립군 등 여러 인물들의 이름을 외워줘야 합니다. 또한 근현대사에서는 연도별로 어떤일이 있었는지 외워줘야 하는데 저는 1910년부터 1980년대까지 연표를 만들어서 하나하나 다 적었습니다.(시간이 없다면 이 작업은 하지 않는게 좋을 것 같습니다) 그 결과 근현대사 사건 연도는 전부 다 외울 수 있었습니다.

국사는 특히 기출지문이 많이 돌고도는 과목입니다. 그렇기 때문에 자신이 익숙지 않거나 빈출인데 외우지 못했던 지문들은 체크해두시고 외워주셔야 합니다.

많은 분들이 국사 회독에 대해서 궁금해 하시는 것 같아서 간단하게나마 설명드리겠습니다. 저는 국사 기본서 회독을 할 때에 고려나 조선부터 시작했습니다. 아무래도 선사보다는 비중이 높고 빈출되기 때문입니다. 저는 분류사로 기본강의를 들었기 때문에 처음에는 분류사로 회독했고 나중에는 시대사로도 해보고 제가 직접 정리한 공책을 회독하는 방식으로도 하는 등 여러 방식으로 회독하다보니 질리지 않게 끝까지 회독할 수 있었고 시험에서 좋은 결과를 얻을 수 있었던 것 같습니다. 최근 7급 국사문제가 어려워지고 지엽적인 것도 많이 나왔지만 일단 먼저 뼈대를 잡고 나중에 전부다 소화가 가능하면 지엽적인 부분을 추가적으로 보시라고 말씀드리고 싶습니다. 지엽적인 것만 보다보면 오히려 기본 뼈대가 흔들리는 경우가 많기 때문입니다. 정리하자면 한국사는 시간의 과목이기 때문에 큰 뼈대가 흔들리지 않는 것이 가장 중요하고 그러기 위해서는 기본에 충실해야 한다고 생각합니다.

2015 국가직 7급 회계직 – 오○○

간추린선우한국사, 전한길 5.0, 기출문제집, 시행처별 기출문제집

공부를 시작할 때 아공법(기출문제접근방법)이라는 책을 봤기 때문에 기출문제집을 먼저 봤습니다. 국사는 대부분 수험생이 처음 접하는 과목은 아니기 때문에 아공법 자체가 나쁘지 않다고 생각합니다. 기출문제집을 먼저 1회독 후, 요약집과 함께 기출문제집을 다시 봤습니다(요약집을 익히는 과정이 되었습니다). 그 후 전한길 강의를 수강하고(말씀하시는게 재밌으시고 정리에 도움이 많이 되었습니다. 필기노트도 있었지만 개인적으로 책이 맘에 들진 않았습니다.) 마지막으로 시험에 임박했을 때 시행처별로 다시 풀었습니다(국사는 정말 문제pool이 넓습니다 기출만 풀어도 끝이 안나는 정도입니다). 국가직 7급은 8월달에 보는 시험이니 이미 그 전에 많은 국사시험이 있습니다. 기출문제집은 당연히 이 시험 문제가 없고, 개인적으로 출력해서 풀어야 한다고 생각합니다. 국사는 머리를 식히거나 공부가 너무 힘들 때 기분전환을 위해서 풀었습니다. 올해 국가직7급은 국사가 어렵게 나와서 양을 늘려야 한다고 생각하는데, 다시 공부한다 해도 양을 늘릴 생각은 없습니다. 왜냐하면 양을 늘림과 동시에 기억력의 부정확함과 국사는 지엽적인게 끝이 없기 때문입니다. 경계를 잘 설정하는 것이 더 중요하다고 봅니다. 수험은 많이 아는 것 보단 판단력이 더 중요합니다.

2015 국가직 7급 – 김○○

한국사는 11월 즈음에 최진우 선생님 기본강의를 듣고 4월까지 손을 놓고 있다가, 전한길 선생님 3.0강의를 들으면서 '필기노트+3.0'을 보았습니다. 그리고 이때 3.0 강의를 들으면서 올해 초 스파르타반에서 나눠 주셨던 한국

사 연표에 사건 순서를 묻는 문제로 나온 부분을 표시하고 간단한 특징 등을 사건 옆에 추가로 기재하여 연표를 시험 때까지 틈틈이 보았습니다.

그리고 전한길 선생님 무료 강의(문화사, 현대사 등)를 필요할 때마다 활용하였고, 필기노트 회독이 안 넘어갈 때는 필기노트 3강짜리 요약강의를 통해 강의를 들으면서 회독을 하였습니다(약 5시간). 시험 직전에 불안한 마음에 7.0강의를 들었었는데, 국가직 시험을 마친 후 '이때 7.0을 새로 듣지 않고 필기노트나 더 정확하게 볼 걸'이라는 후회를 하였습니다.

한국사 공부 절반이 두문자였는데 수업시간에 선생님께서 말씀해주시는 것에 더하여, 네이버 전한길 카페에서 괜찮은 두문자를 찾거나 기출문제를 풀면서 혼자 두문자를 따기도 하였습니다. 기존의 두문자를 재배열하여 자신만의 문장으로 만드는 것도 좋은 방법이라고 생각합니다.

☞ (다시 공부를 한다면) 기본강의를 들으면서 기출(3.0)을 푼 후에, '필기노트+3.0+연표' 세 가지를 시험 때까지 계속 반복할 것 같습니다. 즉 범위를 넓히지 않고 주어진 것을 정확하게 암기할 것 같습니다.

2015 국가직 7급 – 김○○

김윤수 / 노범석 / 전한길

수험기간이 길었던 것만큼 국사는 여러 강사 수업을 들어본 것 같다. 처음에는 김윤수 선생님을 들었다. 너무나 방대한 양이었고, 통사적(通史的) 흐름조차 잡지 못했다. 선생님의 두꺼운 문제집을 5회독 이상이나 했었지만, 파편적인 암기만 늘고 뭔가 맥을 놓치고 있는 기분이 계속 들었다. 다음으로 작년에는 노범석 선생님의 수업을 들었다. 스토리 텔링적인 수업을 듣다보니 처음으로 국사의 흐름이 보이기 시작했고, 문제풀이 강의까지 모든 커리큘럼을 따라 듣다보니 국사에 재미까지 느낄 수 있었다. 작년에 기초를 잘 잡아 놨기에, 올해는 전한길 선생님의 합격생 필기노트와 문제 풀이만으로 국사 공부를 대신했고, 시간을 많이 절약할 수 있었다.

국사에 대한 기초는 작년에 잡아놨었다. 시간적 여유가 있었던 시기에 약 두 달에 걸쳐서 거의 사초를 옮겨 적듯이 노범석 선생님 기본서의 목차와 내용의 볼드체를 일일이 연습장에 옮겨 적었다. 지금 생각하면 너무 소모적이고 시간이 많이 드는 작업이지만, 그전까지 맥을 못잡고 갈팡지팡하던 국사의 흐름이 그때를 계기로 섰던 것 같다. 하지만, 시간적 여유가 있는 수험생이 아니라면 추천하지 않는 바이다.

2015 국가직 7급 세무직 – **손○○**

황현필 기본강의 / 전한길 3.0 기출문제 / 전한길 5.0

국사 역시 국어와 함께 자신 없는 과목 중 하나였습니다. 국사를 많은 시간을 할애하여 공부하는 것 보다 최소한의 시간을 투자하여 평균에 가까운 점수만 받은 것을 목표로 하였습니다. 제 경우 전략과목이라 할 것은 한과목도 없었지만 국사는 완벽한 방어과목이었습니다. 따라서 범위가 가장 작은 전한길 5.0을 반복하고 3.0기출을 4회독 하는 것 이외에 다른 것은 하지 않았습니다. 대신 5.0 강의를 반복하여 듣고(아침저녁에 방에서도 듣고 이동할 때에도 들었습니다) 5.0책에 있는 대부분의 내용은 연도까지 암기하였습니다. 이번 국사 시험이 어려웠기 때문에 운이 좋았던 것도 있지만 선방하였으므로 시간이 없으시다면 이런 방법도 있다는 것을 참고하시기 바랍니다.

2015 국가직 8급 국회사무처 – **김**○○

전한길 선생님 2.0단권화 기본강의 / 필기노트, 5.0강의

한국사는 범위를 정하지 않으면 정말 힘들어지겠다고 생각했습니다. 그런 점에서 전한길 선생님 강의가 강점을 가진다고 생각했고 실제 강의를 들으면서 공부했습니다. 4시간 강의 후에 4시간 동안 복습을 할 때에는 필기노트 강의를 빠르게 들으면서 복습하고 해당 진도범위 만큼 기출문제를 푼 후에 단권화 책으로 마무리 하는 방법으로 공부를 했습니다. 주중에 나간 진도는 일요일에 한 번 더 가볍게 훑는 식으로 최대한 자주 보려고 노력했습니다. 필기노트 강의가 적기 때문에 틈틈이 봐서 2015년 서울시시험 전까지 총 4번 정도 본 것 같습니다. 12월에 한국사 스터디를 하면서 5.0교재를 봤고 필기노트나 기출문제에서 헷갈리는 것을 5.0에 정리했습니다. 국가직9급 전에는 5.0강의를 인터넷으로 빠르게 봤습니다. 한국사의 경우에는 기출문제를 5번 정도 회독한 후에는 필기노트, 5.0을 반복해서 보는 식으로 공부했습니다. 다른 과목도 마찬가지겠지만 특히 한국사는 전한길 선생님께서 말씀해 주신대로 반복이 가장 중요합니다. 조금만 안 봐도 까먹는 것은 당연한 것이니 처음부터 틈틈이 봐주시면서 최대한 많이 보려고 노력해야 합니다.

2015 국가직 7급 일반행정 – **장**○○

신영식 해동국사 기본서 / 신영식 기출문제 / 민주국사 시행처별 기출문제 / 고종훈 한국사 모의고사 / 공단기 한국사 모의고사

한국사의 경우 저는 따로 요약서를 보지는 않았습니다. 신영식 선생님의 기본강의를 들어 기본 구조를 머리에 세운 후 민주국사 시행처별 기출문제를 매일 한회씩 풀면서 거기에 나온 세부 내용을 암기하는 방식으로 공부하였습니다. 따로 단권화 작업은 하지 않았지만 오답 정리는 자세하게 한 편입니다.

2015 국가직 7급 교육행정직 - 최○○

윤승규 대한국사 기본서 / 윤승규 동형 모의고사 600제 & 200제 / 김윤수 해동한국사 기출문제집

저는 국사의 경우 윤승규 선생님의 도움을 많이 받았습니다. 윤승규 선생님의 강의 수가 좀 길고, 기본서도 두꺼운데, 이번 2015 7급 시험에서 상대적으로 높은 점수를 받을 수 있었던 것은 인강 수업시간에 선생님의 말 한마디도 놓치지 않았던 것이라 생각됩니다. 저는 기본적으로 인강 들을 때 제가 발휘할 수 있는 집중력의 200%를 발휘해서 인강을 듣는 편인데, 시험장에서 신기하게 선생님이 수업 시간에 말씀하셨던 내용이 들리는 것 같았습니다. (국사 뿐만이 아니라 다른 암기과목의 경우에도 마찬가지였습니다)

또, 기출문제집에서 자주 나오지만 기본서에서 언급하시지 않아서 표시가 되어 있지 않은 부분은 제 나름대로 ○ 표시를 해서 다시 한 번 보려고 노력하였습니다. 국사 문제는 정말 어떤 문제가 나올지 몰라서... 그리고 책에는 없지만 기출문제집에서 중요하게 자주 언급되는 사료는 기출문제집에 직접 ○ 표시를 해서 다시 한 번 읽어보았습니다. 국사 문제가 어려운 부분, 그리고 국사에서 고득점을 받는 방법은 '사료 해석을 얼마나 잘하냐'라고 생각됩니다. 저는 낯선 사료에 익숙해지려고 인강과 기출문제집을 적극 활용하였습니다.

2015 국가직 7급 - 전○○

한국사 같은 경우도 수험기간을 줄일 수 있는 과목 중 하나이다. 다들 고등학교 때 배워 본 경험이 있어 뼈대를 알고 있으니 공부하기가 수월하다. 필자는 한국사에 관심이 많았고 1급 자격증이 있었기 때문에 기본강의를 건너뛰고 바로 전한길 필기노트 강의(10강 정도의 정리 말고 40강 정도의 설명

강의)를 들었다. 한국사 1급 검정이 없더라도 근현대사를 배운 분이라면 기본강의 건너뛰고 바로 필기노트 강의(40강)를 들어도 충분하다고 생각한다. 필자의 경우 이과 출신이라 근현대사는 전혀 배운 적이 없었지만 필기노트로도 충분히 가능했다. 다만 필기노트의 경우 그냥 보면 너무 방대하고 외워지지도 않으므로 빈칸채우기 5.0이나 7.0과 병행하기 바란다. 5.0의 경우 필기노트와 순서가 똑같아 초보자가 보기 편하고 7.0은 경제, 사회, 문화, 정치 파트별로 구분되어 있어 어느 정도 궤도에 오른 사람이 보기 편한데, 5.0과 7.0 둘 다 볼 필요는 없고 둘 중 편한 것 하나만 보면 된다. 본인은 빈칸 7.0 + 기출문제만 계속 반복하고 필기노트는 찾아볼 때만 이용했다. 빈칸 채우기의 경우 실제 빈칸뿐만 아니라 네모박스된 키워드 또한 수정테이프로 지우고 봤다. 한 번에 다 지우면 너무 힘들므로 회독을 하며 알겠는 빈칸을 수정테이프로 지워나갔다.

간혹 전한길 기출문제집이 문제가 적다고 다른 강사 기출문제집을 선택하는 경우도 있는데 시간여유가 있다면 그냥 전한길 기출문제집 + 다른 강사 모의고사 하나를 택하는 것을 더 추천한다. 필자는 시간 여유가 없었기 때문에 기출+빈칸7.0으로만 했고 충분한 점수를 받았다. 사료집 같은 경우는 안 봐도 된다고 생각한다. 필자의 경우 사료는 기출에 나와있는 키워드에 형광펜을 칠하는 방식으로 공부했다. '난신적자', '무릇 개화란', '강도 일본' 등의 키워드를 골라 그 키워드만 보고 어떤 내용을 말하는 것인지를 끊임없이 봤다.

헌법

2015 국가직 7급 관세직 – **박**○○

황남기 헌법 / 황남기객관식 / 황남기 족보

헌법은 9급때 하지 않았던 과목이라 조금 생소해서 익숙해지기 조금 힘들었던 과목이었습니다. 기본강의를 들을 때도 초반에는 이해를 잘 하지 못했기 때문에 이해가 정말 안 되는 부분은 무료 특강 같은 것을 들으면서 보충해 나갔습니다. 기본강의를 빠르게 듣고 나서는 바로 황남기 선생님 객관식 기출을 풀었습니다. 처음에는 지문 하나하나를 봤지만 3번 정도 푼 이후에는 많이 틀리는 문제를 체크하고 4번 푼 이후에는 지문에 직접 형광펜으로 체크했습니다. 기출을 풀 때에는 따로 기본서는 보지 않고 빠르게 풀면서 o/x 스터디로 기출지문을 익혔습니다. 그러면서 헷갈리는 부분은 따로 포스트잇과 공책에 정리했습니다.

기출을 많이 익힌 뒤에 기본서를 다시 봤었는데 순서는 통치 구조부터 거꾸로 보았습니다. 통치 구조가 가장 빈출되고 어렵기 때문에 통치 구조를 가장 집중적으로 보았습니다. 결국 통치 구조는 전부 다 외워줘야 하기 때문에 평소에 눈에 익히면서 가볍게 정리해주다가 마지막에 한번에 외우는게 중요하다고 생각합니다.

마지막에는 황남기 헌법 족보로 마무리 했었는데 이제까지 정리했었던 포스트잇을 족보에다가 다 붙여 한꺼번에 눈에 담으려고 했습니다. 보통 족보

강의가 시험 2~3달 전에 있지만 저는 마지막 1,2주 전에 족보 강의를 인강으로 한번에 빠르게 보는 형식으로 들었습니다. 그렇게 시험 마지막날까지 족보를 손에서 놓지 않고 공부했습니다.

다른 합격자분들은 진도별 모의고사를 많이 보셨다고 하는데 저는 시간이 절대적으로 부족하여 진도별 모의고사를 풀지 않았습니다. 진도별 모의고사를 소화할 수 없다고 생각했기 때문에 기출만 제대로 하자는 마음으로 기출에 집중했었습니다. 만약 시간이 있다면 진도별 모의고사를 보는 것도 좋을 것 같습니다. 이번 2015년 시험에서도 헌법이 꽤 어렵게 나왔기 때문에 진도별 모의고사를 풀면서 어려운 문제에 적응하는 것도 좋을 것 같습니다. 또한 최신 판례는 꼭 보고 들어가는게 좋겠습니다. 이번 시험을 보면 알 수 있듯이 최신 판례가 굉장히 많이 나왔습니다. 그렇기 때문에 최신 판례를 꼼꼼히 읽고 가야 한다고 생각합니다.

황남기 선생님께서도 항상 말씀하셨듯이 헌법 조문은 평소에 보는 게 좋다고 생각합니다. 나중에 한꺼번에 보려면 집중도 되지 않고 외우기도 힘들기 때문에 기출에서 조문의 어떤 부분에서 바꿔내는지 파악하고 그 부분을 집중적으로 보면 될 것 같습니다.(저는 패스x 학원에 있는 빈칸 조문을 활용하였습니다.)

헌법은 다른 과목보다 어렵게 느껴질 수 있지만 공부를 하고 열심히 외우다보면 점수가 정직하게 나오는 과목입니다. 그렇기 때문에 어렵다고, 이해가 가지 않는다고 손에서 놓지 마시고 꾸준히 외우시길 바랍니다.

2015 국가직 7급 회계직 – 오○○

황남기 기본서 / 황남기 기출문제집 / 김현석 자출지OX

헌법은 황남기 선생님 기본강의를 들어야 한다고 봅니다. 수험생활 중에 꼭 해야 할 것이 있는데 황남기 선생님 강의 하나 정도는 수강하는 것입니다. 지나고 보면 정말 좋은 말씀들 많이 해주셨습니다. 일명 잔소리(?)로 많이 오해받기도 하는데 저는 도움이 더 되었습니다. 수험생활을 하는 데 지표가 되었습니다. 헌법은 또한 이론면도 많은 부분을 차지 하는 데 과감하게 선택하는 것도 중요합니다. 따지자면 정말 양이 많은 것도 헌법입니다.

공부방법도 많이 알려주셔서 기본강의 수강 후 기출문제 반복학습 – 사실 법과목은 반복이 답이라고 생각합니다. 용어 물론 처음엔 정말 어렵습니다만, 어차피 실제 시험에서 법과목은 20분 안에 2과목이 해결되어야 합니다. 감각적으로 푸는 과목이니 만큼 반복학습으로 체화하면 됩니다. 합격자 중에 마지막으로 법과목으로 고민하는 사람은 많지 않습니다. 결국 처음엔 힘들지만 극복이 되는 것이니 너무 부담갖지 마시기 바랍니다. 헌법은 최신판례가 중요한데 저 같은 경우는 최신판례집이나 추록을 작업하기 귀찮아서 그 해 새로 나온 기본서를 다시 사서 봤습니다. 저같이 꼼꼼한 성격이 아니신 분들은 좋은 방법인 것 같습니다.

빠르게 헌법을 회독할 때 김현석 자출지OX를 사서 봤는데(두껍지 않음 500P 이하 였음) 책 강조점을 다른 시각에서 볼 수 있어 좋았다고 생각합니다.

2015 국가직 7급 세무직 – 김○○

황남기 기본서 / 황남기 OX / 황남기 족보 / 스파르타 진모

제일 처음 수험을 시작할 때 접한 헌법은 그야말로 다른 나라 말이었다. 도무지 문장이 성립되는 거 같지도 않고 무슨 말을 하는지도 모를 만큼 난해 했었다. 2014년에는 황남기 선생님의 진모만 풀었다. 4,5회독 이상은 한 것 같다. 문제를 풀면서 비로소 이해되는 부분이 있었고, 통치구조의 정족수 같은 경우에는 눈앞에 메모지로 적어두고 항상 눈에 보이게 하고, 하루에 반드시 한번 이상은 눈을 감고 외었다. 스터디 사람과 밥을 먹을 때나 이야기를 할 때 정말 뜬금없이 정족수를 물어보면서 암기를 생활화 시켰다.

스파르타 총무를 처음 한다고 했을 때 황남기 선생님이 나에게 준 첫 임무는 내가 공부했던 2014년 진모의 순서를 마구잡이로 섞어서 제본하라는 것이었다. 첫 임무였고, 행여나 실수하게 된다면 나와 같은 수험생들이 피해를 보게 되기 때문에 정말 고도로 집중하면서 작업했다. 당시에 2014년 7급 시험이 끝난 직후였던지라 시간적 여유가 있어서 하루 10시간 이상 선생님 사무실에 앉아 오로지 헌법만 보았다. 상당히 오래전 일이고 그 이후로 올해는 그만큼 헌법을 공부할 시간도 없었지만, 지금 와서 생각하면 그때 나도 모르는 사이에 Legal mind가 형성 되었던 것 같다. 특히 올해의 헌법 같은 경우는 판례를 주로 물어보는 경향의 변화가 있었는데, 그때 형성된 Legal mind가 유효 했는지, 지금까지 본 헌법 성적 중 가장 좋은 성적을 받아 합격에 큰 공헌을 해주었다.

2015 국가직 7급 세무직 – 손○○

황남기 기본서 / 기출 / 진도별 모의고사 / 최신판례

헌법은 다른 과목들과 달리 배경지식이 전무했기 때문에 수험생활 중 가장 많은 시간을 할애한 과목입니다. 용어 자체도 생소하고 판례 같은 경우도 처음 접해 보는 것이었기 때문에 시행착오가 많았습니다. 기본강의를 듣고 기출을 풀긴 했지만 좀처럼 손에 잡히지 않고 있을 때 스파르타반의 합격생 스터디를 통해 도움을 받았습니다. 합격생 분께서 짧은 시간이었기 때문에 내용을 깊게 다뤄주시지는 못했지만 헌법공부의 강약조절이라던가 두문자 등 실제로 와 닿는 얘기들을 해주셔서 정리가 많이 되는 느낌을 받았습니다. 그 후 황남기 선생님이 진행하신 4월 진도별 모의고사를 시작하였습니다. 처음 문제를 풀 때는 좌절 그 자체였습니다. 수업도 따라가지 못했고 어디서부터 복습을 해야 하는지도 잡히지 않았습니다. 그러나 초반 3회독 까지는 밑 빠진 독에 물 붓는 심정으로 꼼꼼히 읽어가며 공부하였습니다. 헌법만 공부할 수 없었기에 이 과정이 두 달 이상은 걸렸습니다. 그러나 3회독 후 점차 몰랐던 부분이 메꿔지기 시작했고 속도도 붙었습니다. 시험 전까지는 진모만 보면서, 최신판례를 보충하고, 7월말에 족보를 빌려 한번 훑어보았습니다. 수험생활 내내 또 시험 당일까지 제일 저를 힘들게 했던 과목이었지만 좋은 결과를 얻은 과목이기도 합니다.

2015 국가직 8급 국회사무처 – 김○○

황남기 선생님 기본강의 / 진도별 모의고사 강의

경제학에 대한 자신감도 있었고 주위에 있는 분들이 헌법은 쉽다는 말을 많이 해주셔서 가벼운 마음으로 시작했습니다. 하지만 처음에 경제학만큼 다

가가기 힘들었고 헌법 때문에 9급을 생각했을 정도로 쉽지 않은 과목입니다. 머리에 자리 잡히기 전까지는 어려운 게 당연한 것이니 꾸준히 하시는 것이 중요합니다.

헌법은 강의시간에 설명해 주신 게 주로 날개에 정리되어 있기 때문에 우선 날개를 위주로 복습한 후에 기출문제를 풀었습니다. 기출문제가 진도별로 되어있고 날개에 있는 것만 알아도 답을 내는 것엔 지장이 없기 때문에 모르는 지문이 있더라도 우선 정답만 낼 수 있다면 넘어갔습니다. 뒤에 있는 내용이 앞의 지문으로 나오기 때문에 빠르기 1회독을 하고 다시 문제를 푸는 것이 중요합니다. 진도별 모의고사를 보기 전까지는 기본서〉기출문제, 기출문제〉기본서처럼 순서를 바꿔서 공부했고 우선 헌법은 진도별 모의고사 진도를 따라갈 수 있는 것을 목표로 공부했습니다.

헌법 진도별 모의고사를 보는 중에는 전날예습, 강의, 복습4시간을 통해 3회독을 할 수 있으니 반드시 실강을 듣는 것을 추천합니다. 예습은 진도만큼 기본서를 보고 기출문제를 풀었습니다. 예습을 하고 시간이 얼마 지나지 않았으니 그 기억으로 바로 문제를 풀었고 바로 복습을 해서 기억을 최대한 유지할 수 있도록 했습니다. 해설은 최대한 보지 않으려고 노력했고 기본서를 찾아보거나 유사 기출문제를 찾아봐서 복습시간을 줄여 4시간 이내로 할 수 있도록 노력했습니다. 주중에 본 진도의 내용을 주말에 다시 한 번 복습했습니다. 진도별 모의고사를 본 후에는 기본서, 기출문제보다는 시험지를 주로 봤고 모르는 부분만 찾아보며 최대한 진도별 모의고사를 봤습니다. 법과목과 경제학은 범위가 정해져 있으니 최대한 주력과목으로 삼으려고 하시고 꼼꼼하게 공부하셔서 취약과목의 점수를 보완하셔야 합니다.

2015 국가직 7급 일반행정 – **장○○**

황남기 기본서 / 황남기 기출문제 / 황남기 진도별 모의고사 / 황남기 족보

행정법과 마찬가지로 족보를 기본으로 1월부터 4월까지는 기출을 2회독, 그 후 8월까지 기출과 진도별 모의고사를 각각 2회독씩 공부하였습니다.

행정법

2015 국가직 7급 관세직 – **박○○**

써니 행정법 / 써니 기출 / 써니 판례집 / 황남기 행정법 족보 / 황남기 행정법 각론 / 김종석 각론 기출 / 황남기 각론 족보 / 써니 모의고사

행정법도 헌법과 마찬가지로 기본 베이스가 없었기 때문에 써니 행정법을 추천 받아 강의를 듣고 바로 기출 강의로 넘어갔습니다. 헌법 기출을 푸는 방식과 같이 처음에는 지문을 자세히 보고 풀었고 몇 회독 후에는 모르는 지문에 형광펜을 쳐놓고 그 부분만 보는 식으로 했습니다.

스터디도 병행했었는데 초반에는 기본서 날개에 있는 문제로 하다가 나중에는 기출문제집에 있는 기출 지문으로 진행하였습니다. 처음에는 지문들이 익숙지 않아서 많이 틀렸었지만 후에는 형광펜으로 친 지문만 보는 형식으로 하다 보니 시간도 단축되고 실수도 줄어 스터디 점수가 잘 나왔습니다.

합격자 분들께서 헌법과 마찬가지로 행정법도 판례가 굉장히 중요하다고 말씀해 주셔서 써니 판례집 강의를 따로 시간을 내어 들었습니다. 기본적이거나 빈출 판례들은 한 번 더 확인할 수 있었고 지엽적인 지문들은 눈에 익히는 형식으로 하고 넘어갔습니다.

마지막에는 황남기 선생님이 양을 잘 줄여주신다고 하여 황남기 행정법 총론 족보를 들었습니다. 헌법과 동일하게 시험 직전 1,2주 전에 인강으로 들었고 머릿속에서 떠다니던 것들이 조금씩 정리가 되기 시작했습니다. 족보에서

헷갈리는 지문이나 모르는 판례가 있으면 형광펜이나 스티커로 표시를 해두었습니다. 그리고 마지막 하루 전 체크해둔 것들을 한 번에 빠르게 봤습니다.

행정법 모의고사는 써니 실강으로 들었었는데 실전처럼 풀고 OMR카드를 내는 형식이었습니다. 처음에는 긴장도 되고 실력도 오르지 않아 성적이 높지 않았지만 막판에 가서는 1등을 했습니다. 덕분에 자신감도 많이 얻었던 것 같습니다.

요새 상담을 하다보면 저에게 행정법 각론은 해야하는지, 어떻게 해야하는지 물어보시는 분들이 꽤 많았습니다. 저는 일단 행정법 각론을 꼭 하시라고 말씀드리고 싶습니다. 7급에는 행정법 각론이 꼭 나오고, 점점 많이 나오는 추세기 때문입니다.

저는 각론을 4월 정도에 늦게 시작했습니다. 급하게 황남기 행정법 각론 기본강의를 듣고 바로 기출을 풀었습니다. 황남기 선생님께서 각론 조문에서 어떤 것들이 바뀌어 나오고 헷갈리는지 알려주셔서 그 부분들은 공책에 따로 정리를 해가며 외웠습니다. 각론은 총론과 다르게 조문이 좀 더 중요하기 때문에 공무원법 같은 조문을 눈에 잘 익히는 것이 중요합니다. 회독을 할 때 중요한 법부터 회독하는 것도 하나의 방법이 될 수 있을 것 같습니다.

2015 국가직 7급 회계직 – **오○○**

김종석 기본서 / 황남기 기출문제집

김종석 기본서가 컬러풀하게 되있어서 봤습니다. 이 책은 처음에 기본서 옆에 OX가 많은데 처음 공부할 때는 많은 도움이 됐지만, 나중에는 황남기 선생님 기본서 날개처럼 요약이 더 도움 된다고 생각합니다. 하지만 김종석 기본서로 공부한 것 자체는 후회는 없습니다.

헌법과 마찬가지로 기본서 + 기출문제에 충실했고, 반복을 해서 최대한 삭제작업을 해 시험 전 최종에 다 볼 수 있게 정리했습니다. 지엽적인 내용은 최대한 배제하고 엄청나게 삭제하였습니다. 전화번호부같은 기출문제집 절대 다 못보고 시험장에 들어갑니다. 소화하는 것도 단기간엔 불가능할 수도 있습니다. 행정법 각론은 기출문제집을 보지 않고 기본서만 봤습니다(대신 스파르타캠프에서 제공되는 각론모의고사는 최소한 이라고 생각하고 열심히 풀었습니다). 각론에서 중요하다고 생각하고 강의에서 강조하는 부분만 뽑아서 봤습니다.

2015 국가직 8급 국회사무처 – 김○○

황남기 선생님 기본강의 / 진도별 모의고사 강의

행정법도 헌법과 똑같이 공부했습니다. 기본강의는 인터넷으로 수강하고 4시간동안 기본서, 기출문제, 기본서를 복습하고 일요일에는 주중에 했던 것을 복습했습니다. 1회독 때는 강의내용을 바탕으로 문제의 정답만 도출하는 연습을 하시고 3회독 이상부터는 모든 지문을 다 읽으시고 틀린 것을 옳게 고치는 연습을 통해서 출제자가 생각하는 포인트를 연습하시기 바랍니다. 진도별 모의고사를 보기 전까지는 기출문제를 위주로 공부했고 행정법도 역시 진도별 모의고사 진도를 따라가는 것을 목표로 공부했습니다. 진도별 모의고사를 수강하고 난 뒤에는 모의고사만 봤고 모르는 것을 기본서로 찾아봤습니다. 행정법이 주력과목이 되어야 하는 만큼 각론도 포기하지 않고 최선을 다해야 하지만 공무원인사, 경찰행정에 비중을 두고 뒤에 나오는 환경 등은 한번 보는 식으로 가볍게 넘어가시기 바랍니다.

2015 국가직 7급 일반행정 – **장○○**

황남기 기본서 / 황남기 기출문제 / 황남기 진도별 모의고사 / 황남기 족보

저는 스파르타 반에 늦게 들어갔기 때문에 진도별 모의고사를 늦게 접했습니다. 12월까지 기본서를 2회독 한 후 1월부터 4월까지 행정법 기출을 약 3회독 했습니다. 그 후 진도별 모의고사와 기출을 병행하여 각각 2회독씩 하였습니다. 기본서보다는 족보를 위주로 공부하였고, 족보를 중심으로 단권화하도록 노력했습니다.

행정학

2015 국가직 7급 – **김**○○

김중규 선생님 기본강의를 올해 1월에 듣고 바로 압축강의를 들으려고 했습니다. 하지만 압축할 내용이 머리에 전혀 없었기 때문에 혼란만 가중되어 압축강의를 접고, 기출문제를 풀면서 기본서를 발췌독 하는 식으로 기출을 2~3회독을 하였습니다. 기출문제를 몇 번 돌린 후에 압축강의를 들으니까 그제야 내용이 정리가 되고 체계가 잡히는 느낌이 들었습니다.

행정학도 한국사처럼 두문자가 긴요하게 쓰이는데 저는 두문자를 따는 기준으로 김중규 선생님이 말씀해주신 것과 기출문제에 나온 것, 두 가지를 삼고 두문자를 따서 빠르게 문제를 풀고자 노력했습니다.

☞ (다시 공부를 한다면) 선행정학 7급 기본강의를 들으면서 기출(스마트)을 푼 후, 기출을 2~3회독 더 돌린 다음에 압축 선행정학으로 단권화할 것 같습니다. 그 후에 '압축+스마트 기출'을 계속 돌릴 것 같습니다. 기출문제집에 활자로 나와 있는 것을 다시 기본서에 꼼꼼히 옮기는 시간 낭비는 절대 안 할 것 같습니다. 만약 필요한 부분이라면 최소한으로 메모할 것 같습니다.

2015 국가직 8급 국회사무처 – **김**○○

신용한 선생님 기본강의

처음에는 재밌고 가장 쉽다고 생각한 과목이었습니다. 하지만 공부할수록 범위도 모호하고 7급, 8급은 완전히 범위에서 벗어난 문제가 종종 나오니 100점을 목표로 공부하는 것 보다는 기출문제에 나온 것은 철저하게 맞겠다는 생각으로 공부하시는 것을 추천합니다.

기본강의를 듣고 4시간 동안 복습은 기본서를 1시간 30분정도 본 후에 기출문제를 2시간 동안 풀었습니다. 마무리로 기본서를 가볍게 30분 정도 봤습니다. 주중에 들었던 내용을 일요일에 복습하면서 행정학 모의고사 대비를 했습니다. 행정학강의를 들을 때 가장 좋았던 점은 시험을 자주 보는 것이었습니다. 매 시간마다 보는 O,X시험, 주중에 보는 모의고사, 마지막에 보는 모의고사에 최선을 다해 준비하는 과정에서 더 많은 공부가 되었고 자신감도 많이 붙었습니다. 이런 시험 하나하나를 소중히 여기시고 반드시 100점을 맞을 수 있게 노력하신다면 공부의 원동력도 되고 마음이 흔들리지 않다고 생각합니다.

기본강의가 끝난 후에는 기출문제 위주로 공부했습니다. 기출문제를 공부할 때에는 지문마다 틀린 부분을 맞게 고치는 연습을 통해 출제자가 함정을 파는 부분을 찾으려고 노력했습니다. 나머지 과목과는 다르게 어느 정도 회독이 된 후에는 기출 지문을 점점 지우면서 보는 양을 줄이려고 했고 시중에 모의고사 문제지가 나왔을 때는 김중규 선생님 예상 모의고사를 풀었고 나중에 신용한 선생님 Final모의고사를 풀었습니다. 마지막 시험 대비를 위해서 비교되거나 헷갈리고 안 외워지는 지문은 따로 A4용지 앞, 뒤 10장정도로 프린트해서 O,X칸을 비우고 제가 채워보는 식으로 해서 그것만 봤습니다.

2015 국가직 7급 일반행정 – **장**○○

신용한 기본서, 신용한 기출문제, 신용한 파이널, 김중규 모의고사

행정학의 경우는 분명 처음 강의를 듣고 문제를 풀었을 때는 쉽다고 생각했습니다. 특히 신용한 선생님의 모의고사는 쉬운 편이라는 것을 몰랐었기 때문에 스스로 잘한다고 착각하고 있었던 과목이었습니다. 그래서 잠깐 손 놓고 있었더니 올해 5월 즈음에 전부 까먹는 바람에 처음부터 다시 외우느라 엄청나게 고생하기도 했습니다. 기본적으로 이론을 그냥 공부하는 것은 너무 지루하고 졸려서 문제 풀이 위주로 다시 공부했습니다. 이론이 기억나지 않아도 기출 문제를 먼저 잡고 풀고 거기에 대한 해설과 관련 기본서 지문을 보고 암기하는 식으로 공부하였고 7월 쯤 모의고사를 한번에 5-6회씩 풀면서 공부하였습니다.

2015 국가직 7급 – **전**○○

가장 많은 학생들이 어려움을 겪는 과목이 아닐까 싶다. 어느 정도까지 공부를 해야하는지 바운더리를 정하는 것이 매우 어렵다. 필자는 스파르타반 2015 국회직 8급 합격자 3명중 2명이 신용한 합격노트 + 신용한 기출문제만 봤다는 것을 듣고 그냥 신용한 기출만 10번 정도 봤다. 모르는 개념 나오면 그냥 찍는다는 생각으로 85점을 목표로 많은 투자를 하진 않았다. 이번 시험엔 문제가 좀 쉬워 90점대를 맞았고 합격에는 지장이 없었다.

경제학

2015 국가직 7급 회계직 – 오○○

함경백 기출문제집, 이상근 480제, 정병열 시행처별 기출문제집

경제학에 대해서 배경지식이 전혀 없는 분이라면 처음 진입할 때 매우 고통스러운 과목이라고 생각합니다. 저 역시 그랬습니다 ㅠㅠ. 정말 재앙 그 자체였습니다. 오히려 선관위나 교육행정직처럼 경제학을 안 보는 과목이 있어서 직렬변경 욕구 또는 '9급해야 되나?'생각이 듭니다. 마음가짐을 '여기서 내가 경제학을 포기한다면 다른 직렬에서도 포기한다.'라고 먹어야 합니다. 계산문제를 어려워하시는 분들이 많은 것으로 알고 있는데 계산문제는 출제분야가 한정되어 있기 때문에 그 부분만 철저하게 반복, 암기하신다면 어느정도 보완되지 않을까 생각합니다. 많은 분들이 말씀하시는 것처럼 경제학은 궤도에 오르면 전략과목이라 하는데 정말 맞았습니다.

결국 경제학을 해서 합격하는 직렬은 많습니다. 누구나 극복할 수 있는 과목이란 것이고 어렵지만 극복이 되는 과목이라고 생각하면 결국 할 수 있습니다. 저 또한 경제학이 어려웠지만 나중엔 오히려 집중안될 때 경제학문제를 풀었고 리프레쉬를 하고, 경제학푸느라 밥시간을 놓친 적도 많습니다. 반드시 처음 이론을 들을 때 그래프를 손으로 다 그려보고 복습도 단순히 눈으로 보지 말고 손으로 하시길 바랍니다. 손이 외울 때 경제학이 쉬워질 것입니다. 공인회계사, 국회8급 문제는 처음부터 건들면 안 되는 영역입니다. 이걸 제외하고 처음부터 접근한다면 경제학 부담이 조금 덜 할 것입니다.

2015 국가직 7급 – 김○○

처음에 정병열 선생님 강의를 듣다가 함경백 선생님으로 커리큘럼을 바꿨습니다. 함경백 선생님 수업을 듣게 된 계기는 기출 해설 강의를 우연히 듣게 되었는데 문제 푸는 방식이 굉장히 새롭고 쉽게 다가왔기 때문입니다. 해설 강의를 접한 후에 바로 함경백 선생님 심화(기본)강의를 수강하고 함경백 객관식 경제학으로 회독했습니다. 저는 C급, D급, cpa, 국회 문제 모두 풀었으나 D급과 cpa, 국회 문제는 풀어야 하는지 그 필요성을 고민하는 것도 좋을 것 같다고 생각합니다.

올해 초까지는 usb교재가 없었기 때문에 미시, 거시 각각 노트를 만들어서 회독 때마다 다른 색 펜으로 틀리거나 헷갈린 정석 부분을 체크했습니다. 그리고 6월과 7월에 진모, 전모, 2015년 7급 기출문제(A급, B급) 강의를 들었습니다. 진모나 전모는 한 번만 풀었지만 2015년 7급 기출문제는 객관식 경제학 추록과 함께 시험 전까지 계속 돌렸습니다(7회).

☞ 함경백 선생님 이론 강의를 들으면서 자주 나오는 공식(예: 솔로우 모형, 구매력평가지수)은 usb 해당 페이지를 접어서 들고 다니면서 외우고, 완강 후에는 함경백 객관식 경제학을 계속 돌릴 것 같습니다. 그러다가 작년도 기출문제 추록과 올해 7급 기출문제 강의가 나오면 이 둘을 중점으로 회독을 할 것 같고, 시험 전에 진모와 전모가 나오면 한 번씩 풀면서 취약 부분을 체크할 것 같습니다.

2015 국가직 7급 세무직 – 김○○

김판기, 함경백

대학교 때 전공이 경영학이었던지라 미시와 거시 경제학을 수강했었다. 다만, 미시는 영어로 거시는 일본어로 수강했었다. 워낙 오래전 일인데다가, 타국 언어로 배운 지식이라 그렇게 깊지도 않았다. 무엇보다 수험을 위한 공부는 내가 대학교 때 배운 것과는 전혀 다른 방식으로 접근해야 했다. 9급도 진지하게 시험을 볼 생각이었기 때문에, 오히려 경제를 빠른 시기(2015년 2월까지) 1회독을 돌렸다. 처음에는 김판기 선생님 강의를 들었다. 겨우 이해만 마친 상태로 문제풀이도 하지 않고 일단 급한 9급 시험에 집중해야 했고, 시험이 끝날 때 까지는 경제학은 볼 수 없었다. 9급 시험이 끝나고 나서야 다시 한 번 경제학을 집어 들었고, 그때는 함경백 선생님으로 바꾸어서 수업을 다시 들었다. 역시 관건은 시간이었다. 황남기 선생님께 상담한 결과 반드시 7,9급 기출문제만 풀어라고 하셨다. 그리고 그대로 했다. 함경백 교재를 3회독 정도 한 후에는 기출문제를 프린트해서 매일같이 풀었다. 교재는 진도별로 기출문제들이 수록되어 있는데, 순서대로 풀면 풀리는 문제가, 이상하게도 기출을 프린트해서 풀면 잘 풀리지 않거나 계산하는데 많은 시간이 걸리기 일쑤였다. 경제는 어느 정도 레벨에 올라가면 잘 떨어지지 않는 과목이라고 하던데, 내 경우에는 그만한 레벨에 도달하지는 못한 듯하다. 실제 시험장에서도 시간 관리 실패로 경제학은 말 문제 밖에 풀 수 없었다. 조금 더 연습할 시간이 주어졌더라면 하는 아쉬움이 남는 과목이다.

2015 국가직 7급 세무직 – **손○○**

함경백 객관식 경제학, 이상근 480제

경제는 학교에서도 배웠고 회계사 준비를 하면서 공부 했었던 터라 낯설진 않았지만, 줄곧 어렵게 느껴졌던 과목이었기에 신경이 많이 쓰인 과목입니다. 경제는 함경백 객관식 경제학 A형, B형을 위주로 공부하였습니다. 책에도 나와 있듯 A, B형이 빈출 문제들이라 충분히 숙지하려고 했으나, 간혹 CPA 기출이나 국회직 기출 중 난도가 높고 시간이 오래 걸리는 문제는 과감히 지웠습니다. 또한, 시험 3개월 전부터는 프린트한 기출문제 한 회나 이상근 480제를 이용해 시간 안에 푸는 연습을 이틀에 한번 하였습니다.(저는 경제와 회계를 연달아 풀 계획이었으므로 두 과목 합하여 40분 안에 타이트하게 푸는 연습을 하였습니다.) 이론을 이해하고 적용하여 푸는 것보다는 문제 유형을 통으로 외워 계속 반복하여, 실제 문제가 나왔을 때 익숙하게끔(익숙하지 않은 문제는 풀지 않고 넘어가게끔) 연습 하였습니다.

2015 국가직 8급 국회사무처 – **김○○**

함경백 선생님 심화강의 / 진도별 · 전범위 문제풀이강의

사실상 영어 다음으로 가장 많은 시간을 투자한 과목입니다. 첫 국가직 7급 시험(2014.07)을 보기 전까지는 영어, 경제학에 모든 시간을 투자하였고 그 이후에도 감을 잃지 않도록 틈틈이 경제학을 복습했습니다. 제가 이렇게 경제학 과목에 많은 시간을 투자한 이유는 두 가지입니다. 첫째는 제가 경제학에 대한 지식이 전혀 없기 때문입니다. 영어, 경제학은 우선 우리의 사고방식을 바꿔야 하고 그 사고방식을 바꾸는 과정이 굉장히 어렵기 때문에 많은 분들이 처음 접근하기 힘들어 하십니다. 그러기 때문에 결국 7급 과목 중에서 영어, 경제학이

발목을 잡는다는 말이 나온다고 생각합니다. 저는 우선 이 두 과목에서 안전한 80점을 확보한다면 7급도 가능하다는 말씀을 듣고 초반에 탄탄히 다지고자 많은 시간을 투자했습니다. 둘째로는 이런 학문이 아닌 수험의 경제학적 사고방식이 머리에 잡히면 그 휘발성이 다른 과목에 비해서 적기 때문입니다. 우리가 준비하는 시험에서의 경제학과목의 난이도는 낮다고 볼 수 있습니다. 따라서 초반에 확고하게 경제학을 다지면 뒤로 갈수록 경제학에 투자하는 시간이 줄어들고 자신이 취약한 다른 과목에 더 집중할 수 있는 효자과목이 될 수 있습니다.

3,4월에 함경백 선생님 기본강의(국회, CPA등 모든 문제 풀이)를 들었습니다. 저는 이 교재가 좋다고 생각했고 선생님말씀을 믿었기 때문에 강의시간에 말씀해 주시는 것은 기계적으로 실천하려고 노력했습니다. 아침에 1시간 정도를 투자해서 멘큐의경제학을 읽었습니다. 처음에는 이해가 가지 않았고 무슨 소린지도 몰랐지만 그냥 그대로 읽었습니다. 총 3회독을 하기 전까지는 아침 1시간 정도를 투자해서 멘큐의경제학을 읽고 수업을 들었습니다. 그러고 난 뒤에 오후 4시간을 강의를 들었고 반드시 저녁 4시간을 복습했습니다. 복습은 선생님께서 강의하시면서 칠판에 필기해주시는 모든 내용을 빠르게 가필한 것을 저만의 노트로 다시 정리하면서 강의내용을 생각하도록 노력했습니다.(선생님 필기노트가 나오기 전입니다.) 노트를 정리하는 과정에서 중요 그래프는 몇 번이고 다시 그려봤고 X축, Y축에 어떤 변수를 쓰는 것까지 다 연습했습니다. 처음 그래프를 접할 때는 생소한 게 당연한 것이니 겁먹지 말고 손으로 많이 그려보시는 것을 추천합니다. 그렇게 한번 복습을 한다면 그 내용을 가지고 바로 문제를 풀어보았습니다. 처음에는 힘드실 수도 있겠지만 저는 모든 문제를 다 풀도록 노력했습니다. 그 이유는 선생님께서 강의시간에 풀어주시고 난 뒤에 바로 풀어보기 때문에 기억이 남아 풀 수 있었고 타 시험의 기출문제의 난이도가 우리 문제와 거의 비슷하다고 생각했기 때문입니다. 하지만 아이디어가 어려운 문제(ex쌍방독점 등등)는 그냥 눈으로 보

고 강의시간에 해주셨던 말씀만 기억하고 넘어갔습니다. 또 수학을 못하신다고 해서 절대 경제학에 지장이 있는 것이 아닙니다. 사칙연산만 할 수 있다면 상관없으니 자신이 수학에 대해 관심이 없다고 겁먹지 마시고 우선 눈이 아닌 직접 손으로 문제를 푸는 것을 추천해 드립니다. 실제 시험장에서도 계산문제는 머리로 푸는 것이 아니라 손으로 푸는 것이라는 것을 느꼈습니다. 첫 1회독을 할 때에 가장 중요한 것은 아는 것은 그런대로 모르는 것은 모르는 대로 넘어가야 한다는 것입니다. 뒤에 있는 내용이 앞에 있는 문제의 지문으로 종종 등장하기 때문에 배우기 전에는 해설을 봐도 알 수 없으니 그런 것은 넘어가며 그 진도에서 배운 것을 토대로 정답을 낼 수 있느냐만 확인하시고 빠르게 넘어가시길 바랍니다. 이렇게 주중에 들었던 경제학은 일요일을 이용해서 총 복습을 했습니다. 정리했던 필기내용을 한번 훑어보면서 중요 그래프를 다시 그려보고 문제를 풀어보았습니다. 교재가 기본개념이 간략하게 정리되어 있고 문제로 바로 적용할 수 있게 구성되어 있기 때문에 상대적으로 문제를 풀 수 있는 시간이 확보되고 일요일에 충분히 복습할 수 있다고 생각합니다.

5,6월에는 바로 문제풀이 강의로 들어갔습니다. 그 이유는 배운지 얼마 되지 않았기 때문에 기억이 남아있고 문제풀이 강의를 하면서 추가적으로 3회독(예습, 강의, 복습)을 할 수 있기 때문입니다. 예습을 할 때에도 마찬가지로 정해진 범위만큼 감정평가사, CPA등등 모든 문제를 풀어보고 강의를 들었습니다. 강의를 들은 후에 복습2시간, 다음진도 예습2시간을 확보했습니다. 어떤 문제풀이 강의를 수강 하시든지 가장 중요한 것은 마음가짐입니다. 반드시 1등을 하겠다는 마음으로 공부하시고 시험을 보시며 목표를 달성해야 합니다. 1등을 해야만 합격한다는 뜻이 아니라 목표를 달성할 때의 뿌듯함이 다음 공부를 할 수 있는 데 큰 원동력이 되기 때문입니다. 실제로 저도 문제풀이 과정을 거치면서 경제학에 대한 자신감도 많이 붙고 서울시7급, 국가직7급에서 목표점수보다 좋은 점수를 받아서 오히려 경제학이 제 전략과목이라고 생각했습니다.

이 후에도 늘 경제학은 손으로 쓰면서 문제를 풀었고 다른 과목을 수강하면서도 일요일에 짬을 내서 가볍게 복습하며 감을 잃지 않도록 신경 썼습니다. 정 시간이 없다면 공무원 기출문제만 풀든지 아니면 오른쪽 페이지만 풀면서라도 회독을 늘리려고 많이 노력했기 때문에 시간이 가면서 점점 투자하는 시간이 줄어들어 시험보기 하루 전에는 2시간 이내에 빠르게 훑어볼 수 있게 되었습니다.

2015 국가직 7급 일반행정 – **장**○○

박지훈 기본서 / 함경백 기출문제

경제학도 제가 매우 애먹은 과목인데, 처음 강의를 듣고 혼자서 공부해 보아도 감이 잡히지 않아 매우 고생했습니다. 그래서 올해 국가직 9급 시험이 끝나고 함경백 선생님의 기출강의를 한 번 더 듣고 그 후로는 함경백 선생님의 객관식 경제학 책을 반복하여 풀면서 공부했습니다. 그 외에 따로 모의고사는 풀지 않았습니다.

2015 국가직 7급 – **전**○○

처음에 공부해서 시행착오가 가장 많았던 과목이다. 정병렬로 시작했다가 너무 듣기 힘들어 김판기로 갈아타고, 기출문제는 함경백 것을 공부했다. 김판기 또한 잘못된 선택이었다고 생각하는데 김판기는 교수방법은 좋지만 공무원 기출문제집이 없다. cpa와 겸용으로 '다이어트 경제학' 이라는 모든 경제학 통합 기출문제집을 사용하는데, 이 기출문제집은 공무원시험과는 출제방향이 다르다. 어렵고 까다로운 문제 위주라 시간이 너무 오래 걸리고 문제 수도 너무 많다.

그렇기 때문에 기본강의도 함경백을 추천한다. 함경백 강사야 말로 객관식의 본질을 가장 잘 이해하고 있다고 생각한다. 기본강의가 문세 풀이 위주의 강의이기 때문에 가장 경제학을 효율적으로 공부할 수 있을 것이다. 다만 함경백 강사 기출문제집의 경우 목차 순서를 재구성해놓았기 때문에 김판기나 정병렬과 병행하지 말고 꼭 함경백 기본강의를 듣기 바란다. 스파르타반에 계신 이상근 선생님의 강의도 좋다고 하는데 모의고사만 풀어봤을 뿐 강의를 들어보진 못해서 직접 언급하진 않겠다.

CPA와 국회직 문제에 대한 고민이 많을 것이다. 필자는 수학적 지식이 기초가 되어 CPA문제도 어렵지 않게 풀 수 있었지만 넘겼다. 시간이 너무 오래 걸리고 정작 공무원시험에 나오는 내용과는 거리가 있었기 때문이다. 앞에서도 말했지만 단기간에 붙으려면 남들이 틀리는 문제를 맞추려 하면 안된다. CPA 내용 시험에 나오면 틀리는 것은 나뿐만이 아니니 걱정말고 그 시간에 우리 시험의 기출문제를 더 보는 것이 좋겠다. 국회직 문제는 국회직을 주력으로 준비하는 것이 아니라면 계산문제는 어느 정도 패스해도 된다. 하지만 암기에 속하는 문제라면 보고 넘어갈 것을 권한다.

경제학을 공부할 때 가장 중요한 것은 기본서의 내용을 완전히 이해하려고 하지 않는 것이다. 모두들 어려워하는 부분인 미시경제의 콥-더글라스나 레온티에프함수, 거시경제의 총공급, 총수요, 필립스곡선, 솔로우 함수 등은 기본서에 자세히 설명되어 있는 것 같아도 정작 이해에 필요한 중요한 수학적 수식은 다 생략되어 있다. 있다고 해도 일반 수험생은 이해하지 못한다. 그렇기 때문에 읽어도 이해가 불가능하다. 강사도 본인들의 머릿속에 있는(즉 암기해놓은) 내용을 토대로 설명할 뿐이다. 경제학도 모르고 수학도 모르는 수험생들은 당연히 이해가 불가능하다.

스트레스 받지 말고 그런 어려운 계산파트의 문제는 해당 파트의 기출문제나 모의고사 문제들을 모아놓고 문제의 지문을 하나하나 체크함으로써 개념을 이해하는 것이 가장 효율적이다. 해당 개념에 나올수 있는 문제 지문이 정해져 있으므로 어려운 개념은 항상 문제 지문으로 접근하는 습관을 기르자. 문제로 해당 개념을 계속 접근하다 보면 결국 항상 출제하는 방식으로만 문제출제를 한다는 것을 알 수 있다. 본인이 솔로우함수에 대해 다른 사람에게 내용 설명을 하지 못해도 기출문제를 풀 수 있다면 그것으로 충분하다.

경제학의 계산문제는 수학이 아닌 산수와 비슷하다고 보면 된다. 위에서 말한 어려운 부분을 제외하고는 중학교 1~2학년 수준의 수학으로 모든 것이 다 해결 가능하기 때문에 쉬운 문제를 계속 반복하여 풀어보기를 권한다.

관세법

2015 국가직 7급 관세직 – 박○○

이명호 관세법 / 이명호 관세법 법령집 / 이명호 관세법 기출 / 이명호 단원별 문제풀이 / 이명호 모의고사

관세법 같은 경우에 9급 때 했던 기본 베이스가 있었습니다. 그렇지만 매년 개정이 되고 1년을 쉰 터라 기억이 나질 않아 법령집 강의를 다시 새롭게 들으며 다시 익히고 개정된 부분을 확인하였습니다.

9급 때도 마찬가지로 법령집 강의를 들었었는데, 관세법을 공부하시는 분이시라면 법령집 강의를 꼭 들으라고 말씀드리고 싶습니다. 기출을 보시면 아실 테지만 모든 기출이 법 조문을 그대로 똑같이 내는 경우가 많고 한 면에서 그대로 내는 경우도 있습니다. 그렇기 때문에 흩어져 있는 기본서보다는 한 번에 모아져 있는 법령집을 보는 것이 한 번에 익히기에 좋을 것이라고 생각됩니다.

7급 때는 시간이 나질 않아 기출을 1번 밖에 풀지 못했지만 9급때는 기출을 굉장히 많이 봤었습니다. 기출을 좀 더 많이 풀었다면 좀 더 좋은 점수를 받지 않았을까 싶습니다. 그만큼 기출은 중요하다고 생각됩니다.

듣기로 7급 관세법이 좀 더 어렵다고 하여 모의고사보다 어렵다는 이명호 단원별 문제풀이를 들었습니다. 풀다보면 굉장히 어렵지만 시간이 나신다면 보시는 것도 좋습니다. 2015년 9급때도 그렇고 7급도 그렇고 관세법이 점점

어렵게 나오는 추세입니다. 실전에서 당황하지 않도록 단원별 문제풀이를 통하여 연습을 해가면 좋을 것 같습니다.

만약 단원별 문제풀이를 들을 시간이 되지 않으신다면 모의고사는 무조건 보고가셔야 한다고 생각합니다. 이명호 선생님께서 내시는 모의고사에서 시험문제가 항상 출제 되고 있기 때문입니다. 게다가 법률이 아닌 대통령령이나 규칙 등 우리가 잘 보지 않는 조문도 다 건드려 주시기 때문에 꼭 보시라고 당부 드리고 싶습니다.

또한 선생님께서 정리해주시는 암기법을 외우면 문제를 굉장히 빨리 푸는데 도움이 됩니다. 처음에는 앞머리만 따서 외우는 식으로 하되, 나중에는 결국 어떤 것들이 있는지 꼼꼼히 외우고 넘어가셔야 합니다.

관세법은 양이 많지 않기 때문에 관세청장을 세관장으로 낸다던가, 대통령령을 기재부령으로 내는 등의 문제가 자주 출제되고 있습니다. 저 또한 이런 문제에 대비하기 위하여 한번에 정리하여 외웠습니다. 이런 문제들이 나오면 난이도가 높다고 느낄 가능성이 크기 때문에 선생님께서 말해주신 부분을 잘 체크하고 꼼꼼히 외우시길 바랍니다.

2015 국가직 7급 세무직 – **김○○**

노희양

수험공부를 하면서 내가 가장 많이 비명을 지를 뻔한 과목이었다. 대학교 때 배운 바도 없고 난생 처음 접하는 과목이었다. 헌법의 휘발성이 일반 커피라면, 세법의 휘발성은 T.O.P였다. 방법은 딱히 없었다. 일단 기출 문제집을 사서 문제를 확인하고 (반드시 가장 최근 발행된 기출문제집을 사야 한다. 세법은 매년 개정되기 때문에, 그 전에 나온 기출문제들의 답이 바뀌는 경우도 있다.) 각 1번부터 4번까지의 지문들을 모조리 기본서에 옮겼다. 최대한.. 다시 한번 강조하건데 최대한 많이, 자주 보는 방법 밖에 없었던 것 같다. 이해 따위는 개나 주는 것이다. 위에 올린 9급 시험 전까지의 스케쥴을 보면 아침 시간 이외에는 모조리 세법에 투자 하고 있다. 이해가 도무지 안되니 남은 방법은 많이 보는 수 밖에 없었다. 내 영어 공부 방법과 비슷하게, 세법도 꾸준한 노출을 통해 뭔가의 감을 익히게 된 것 같다. 정확히 뭐가 틀린지는 모르겠는데 오답을 보게 되면 아무튼 이질감을 느끼게 되어버린 것이다. 그렇기 때문에 조문을 칼처럼 기억하고 있어야 하는 세법 계산문제는 처음부터 포기하면서 넘어갔다.

2015 국가직 7급 세무직 – 손○○

이진욱 다이어트 세법, 이진욱 객관식 세법

CPA 공부를 이전에 했었기 때문에 세법을 새로 공부해야 하는 분들보다는 쉽게 접근할 수 있었습니다. 그러나 공무원 시험에서 중요하게 다루는 국세기본법, 국세징수법 부분은 제 예상보다 더 지엽적인 부분까지 기출 되었기 때문에 새로 공부하는 마음으로 시작해야 했습니다. 법인세 파트 부당행위 이후 부분이라든가 소득세 지엽적인 부분들은 생각보다 잘 기출 되지 않았기 때문에 이 부분에 시간을 투자하는 대신 국기법과 국징법을 세세하게 암기하는 데 더 노력하였습니다. 세법은 아시다시피 휘발성이 정말 강하기 때문에 시험 직전까지 잡고 계셔야할 과목입니다. 하지만 암기가 어느 수준까지 되어있다면 안정적인 점수를 받을 수 있는 과목이기도 합니다. 제가 쭉 문제풀이 위주의 공부를 강조했습니다만, 세법의 경우는 기본서를 자주 보고, 문제를 풀고 틀린다면 꼭 기본서를 다시 훑어보는 과정을 귀찮게 생각하지 마시길 바랍니다.

회계학

2015 국가직 7급 회계직 – 오○○

김성수 기본서 / 김성수 기출문제집 / 오정화 기출문제집 / 시행처별 기출문제집

회계학은 회계원리 수업으로 나무경영아카데미 김현식을 수강했습니다. 처음에 입문하신다면 정말 좋은 강의라고 봅니다. 회계학은 기본 + 기출강의까지 왠만하면 다 수강해야 하는 과목인데 실강으로 들으려 스케줄을 맞췄습니다. 제가 부족한 과목이었고 인강으로 들으면 멍때릴때가 많아서 강의수만 채워서 자기만족 하는 기분이 들었습니다. 선생님께 질문도 하면서 귀찮게 하고 실강으로 들으면 그 시간엔 정말 집중이 잘 되었습니다. 회계학은 반복을 하면 패턴이 익숙해지고 경제학으로 치면 미시경제학과 비슷합니다(처음은 물론 지옥입니다). 용어가 많이 어려운 만큼 이론강의 듣는 것도 중요하지만 문제를 같이 풀어야 피부에 와닿는 느낌이 달랐습니다. 기출문제가 2개였던 이유는 책마다 해설이 조금 달랐고, 김성수 step by step은 공무원시험 기출문제지만 타 시험문제가 좀 많았습니다. 오정화책은 공무원기출에 충실했는데 해설이 조금 부실했습니다. 각각의 장/단점이 있어 같이 봤습니다.

정부회계는 오정화책과 김성수step by step요약+문제를 활용했습니다. 정부회계에서 욕심을 내지 않았고 행정법각론과 마찬가지로 최소한만 봤습니다.

2015 국가직 7급 세무직 – 김○○

김성수 / 오정화

대학교 때 회계는 일본어로 수업을 들었다. 한국회계의 많은 부분이 일본에서 번역해 온 것이라 비슷한 부분도 있었지만, 계정과목의 이름이 다른 부분도 있었기에 처음 접해보는 것이나 다름없었다. 처음에 경제와 함께 회계를 들었을 때는 그야말로 하루 종일 숫자 지옥에 살고 있었다. 김성수 선생님으로 회계를 시작했지만, 이것 또한 중간에 오정화 선생님으로 바꾸었다. 사람에 따라 성격에 따라 다르겠지만, 나의 경우는 오정화 선생님의 회계가 좀 더 직관적이었던 것 같다. 회계 역시 계산 과목이기 때문에 기계적인 문제풀이 반복이 중요하다. 물론, CPA나 세무사 공부를 하신 분들이라면 분개까지 이해하고 있겠지만 나는 분개는 버리고 기계처럼 오정화 선생님의 방법으로 문제를 풀었다. 전직 스파르타 총무였기 때문에 사무실에 자주 들러서, 산더미처럼 쌓여있는 이면지를 손쉽게 구할 수 있었다. 거의 책 몇 권의 분량이 되는 이면지를 얻어가서 그걸 다 써버릴 정도로 연습하고 또 했다. 9급 시험을 볼 때까지는 거의 기출만 풀었고, 9급 시험에 회계가 만만치 않게 나온 것을 보고 7급 준비할 때는 오정화 1000제 문제집을 풀면서 Level 2까지만 반복해서 풀었다.

2015 국가직 7급 세무직 – 손○○

오정화 1000제 / 오정화 정부회계

회계는 CPA 공부를 했던 덕을 많이 본 과목입니다. 회계 과목 특유의 사고와 용어들에 이미 많이 익숙해 있었고 문제도 많이 풀어봤기 때문에 감을 유지하는 정도로만 공부했습니다. 오정화 회계 1000제의 레벨 2 부분만 무한 반복하는 형식으로 감을 유지했습니다. 덧붙여 실제로 레벨 2 이상의 난도의 문제들과 모의고사들이 많이 있습니다. 그러나 제 생각에는 난도 높은 문제들은 실제 시험장에서 해결하기 어렵고, 이를 해결하려고 공부하는 것은 시간만 잡아먹는 것 같아 추천 드리고 싶지 않습니다. 한편 저는 오히려 회계가 어느 정도 자신이 있다 보니 너무 방치해 두어서 실수를 하거나 말문제의 내용을 잊어버리거나 한 적이 있습니다. 따라서 일주일에 두 번은 꼭 회계를 볼 수 있도록 문제풀이 스터디에 참가하여 시간을 정해놓고 문제를 풀었습니다. 또한 시험 3개월 전부터는 경제와 묶어서 기출이나 모의고사를 각각 20문제씩 40분 안에 푸는 연습을 하였습니다.

무역학

2015 국가직 7급 관세직 – **박○○**

이명호 무역학 / 국제무역사 책

아마 관세직을 준비하시는 수험생 분들이라면 다들 고민하고 계실 과목이 무역학일 것입니다. 저는 국제통상학과기 때문에 국제무역사 등 자격증을 몇 년 전에 땄던 경험이 있어서 어느 정도 베이스가 있을 것이라고 생각을 하고 공부를 시작했지만 범위가 굉장히 넓어 제가 배우지 않은 부분도 많아서 처음에는 조금 당황을 했었습니다. 단순히 무역만 나오는 것이 아니라 국제경영, 외환, 국제마케팅 등 많은 것들을 공부해야 하지만, 정식으로 출판된 기출문제집이나 최신 기본서 같은 것이 없어서 골치 아픈 과목일 것입니다.

그렇기 때문에 제 생각에는 무역학을 전략과목으로 선택하시는 건 조금 위험할 것 같습니다. 범위가 넓기 때문에 시간 투자를 한다고 해도 그 부분이 나오지 않을 가능성도 크고 책에서 없는 문제도 많이 나오고 있습니다. 그러므로 전략과목보다는 방어과목으로 75~80점 정도를 맞겠다는 마음으로 공부하셔야 합니다.

저는 국제무역사 책으로 공부했다기보다는 무역학 기본서에 설명이 잘 되어있지 않은 부분을 국제무역사 책을 보며 보충적으로 공부했습니다. 실제로 2015년 시험에서도 신용장 SWIFT가 나오는 것을 보면 국제무역사 부분에서도 나오는 것 같습니다. 시간이 나신다면 국제무역사 최근 기출 2회분 정도 풀어보셔도 좋을 것 같습니다.

무역학은 기출문제집이 없기 때문에 이명호 무역학 책 중간에 있는 문제들과 뒤에 있는 모의고사 부분 문제들도 풀어보았습니다. 문제에 있는 지문에서 익숙지 않은 지문에 체크하고 나중에 공책에 정리하였습니다.

공책에 정리한 부분을 말씀드리면 가장 문제가 많이 나오는 부분인 국제경영과 보험, 결제, 전자무역을 정리하고 모르는 지문을 정리하습니다. 합격자분들도 말씀하셨고 저도 느꼈듯이 무역학은 범위가 넓기 때문에 주변 합격자분들이나 조언을 받아서 범위를 정하여 양을 줄이는 것이 중요합니다. 시간이 있으시다면 공책에 간단하게 정리하는 것을 추천드립니다. 또한 기출에는 UCP600 등 조문도 많이 나오기 때문에 시험 직전에 꼭 보고 시험장에 들어가시기 바랍니다.

황남기와 시행착오없이 한방에 끝

제 6편

많이 나오는 질문들

질문 전 진도가 안나가요?

강의를 들으면서 하루 4시간 정도를 복습하는데 투자해야 한다. 진도가 안 나가는 이유는 완벽주의자이기 때문이다. 모든 걸 알아야 하고, 모든 걸 이해해야 문제를 맞출 수 있다는 잘못된 생각이 지배하기 때문이다. 한 과목당 그 과목을 제대로 알려면 20년이 필요하다. 내년에 합격하려면 그 잘못된 생각부터 바꿔야 한다.

강의 때 필기하려고 하지 말고 그냥 강의를 들어라. 강의를 들으면서 무엇이 중요한지 강조하는 부분을 체크만 해두고 일단 그 부분만 공부해라. 처음에 공부할 때 암기하려고 하지말고 기출문제가 어떻게 나왔는지를 유심히 보기 바란다.

빨리 1회독을 동영상으로 돌리고(10일소요) 다시 2회독(10일소요)은 이해가 안 되는 부분위주로 보고, 3회독은 기출문제를 푸는 방법도 권장하고 싶다. 그리고 혼자서 진도빼기 힘든 수험생은 시간단위로 일정을 짜고 일정에 맞춰 공부해야 한다.

그래서 합격 캠프 때 아침마다 시간단위로 공부분량을 제출하고, 그 목표를 달성하지 못한 경우 시간당 500원씩 벌금도 내도록 하여 공부습관을 바꾸려고 했다.

질문

하루에 몇 시간을 공부해야 하나요?

정확한 기준은 없다. 집에 갈 때 마음이 뿌듯하면 공부 잘 한 것이다. 평소 때는 강의를 듣지 않은 경우 공부한 시간만 8시간 이상이면 된다. 중요한 것은 8시간 동안 잡념 없이 공부에만 집중해야 한다. 어수선하게 10시간 공부해봐야 성과가 좋은 것은 아니다. 시험일이 가까워지면 시간은 다소 늘려야 한다. 최종정리 때 공부시간은 중요하지만 더 중요한 것은 공부해야 할 것과 안 해야 할 것을 구별하고 공부해야 할 것에 집중할 수 있도록 책이나 서브노트가 정리되어 있어야 한다. 그래야 시간을 효율적으로 이용할 수 있다.

질문

스터디를 해야 하나요?

공무원 시험은 양이 많아 혼자 공부하기 힘들고 특히 정리하기 힘들다. 또한 진도를 뺄 필요가 있기 때문에 스터디를 할 필요가 있다. 물론 혼자 밀어부칠 힘이 있는 수험생은 혼자 해도 된다. 스터디를 하면 열에 아홉은 큰 성과가 없다. 구성원이 능력이 없고, 의지도 없기 때문이다. 공부를 제대로 하는 수험생은 10%정도에 불과하므로 같이 공부할, 같이 스터디를 할 수험생을 찾는게 어렵다. 그래서 공부 잘하는 수험생끼리 모여서 공부해야 한다. 서로 자극도 주고, 정보도 교환하고, 자료도 공유하는 믿을 만한 수험생이 있다면 정말 큰 힘이 된다. 친하다고 스터디를 구성하면 안되고 실력있는 수험생끼리 스터디를 구성해야 한다. 특히 강조하고 싶은 스터디는 합격자 스터디다.

합격자와 같이 스터디하면 공부범위, 공부방법을 구체적으로 배울 수 있으므로 정말 큰 도움이 된다. 시샘많은 친구들은 '지들이 뭐한다고' 라고 생각하나 그렇지 않다. 합격생이 나이도 어리고, 자신보다 학벌도 못하다고 하더라도 합격생이 된 이유가 있으므로 그 이유를 빨리 캐치해내, 자기 것으로 만들어야 한다. 건방떠는 인간들은 항상 좋은 기회를 놓치게 된다. 그런데 의외로 건방떠는 인간들도 많다. 자승자박이고, 천한 마음이 어디 가지 않는다. 황남기 스파르타반에서도 합격생 스터디를 운영하는데 그 이유는 진도를 빨리 뺄 수 있는 능력을 키우고 공부할 바운더리를 정해주기 위해서이다.

질문 동영상이 좋나요, 실강의가 좋나요?

실강의는 오고가는 시간, 대기시간이 소요되고, 수강생과의 트러블, 냉·난방문제 등 여러 문제가 발생한다. 이에 비해 동영상은 시간을 절약할 수 있고, 불필요한 스트레스를 줄일 수 있다는 장점이 있다.

공부가 잘될 때에 배속을 높여 동영상으로 듣는 것이 효율적이다. 그러나 동영상으로 혼자 공부할 때의 가장 심각한 문제는 공부가 잘 안될 때 동영상은 외부적 강제가 없으므로 끝없이 추락할 수 있다. 반면 학원 강의는 정해진 시간에 강의를 들어야 하므로 공부 페이스(pace)는 어느 정도 유지할 수가 있다. 그래서 공부가 잘 안되거나 속도가 나지 않을 때, 자극이 필요할 때는 실강의를 듣는 것이 낫다. 특히 처음 공부할 때는 복습하고 문제 풀기를 통해 공부습관을 들이고, 정해진 시간에 앉아있는 습관을 들이기에는 실강의를 추천하고 싶다.

그러나 궤도에 오르고 진도가 잘 나갈 때는 동영상이 효율적이다. 슬럼프가 보이면 실강의를 들을 필요가 있다.

질문 꼭 강의를 들어야 하나요? 독학으로 안되나요?

사람에 따라 다르고, 과목에 따라 다르다. 7급에서 영어점수가 70점 정도 나온다면 굳이 강의를 들을 필요가 없다. 그렇지 않다면 영어도 기본강의를 수강할 필요가 있다. 또한 언어 독해를 수능 때 잘했던 수험생이라면 국어 강의도 들을 필요는 없다. 어법 강의만 들으면 족하다.

그러나 법과목, 행정학, 경제학은 전공이 아닌 한 강의를 들어야 속도를 낼 수가 있다.

질문 **학원 종합반을 수강해야 하나요? 단과를 수강해야 하나요?**

솔직히 종합반을 추천하고 싶지 않다, 학원은 광고나 상담을 통해 종합반으로 유도하려고 한다. 종합반을 들으면 교재를 사야 하기 때문에 1년간은 그 학원 강의를 따라올 수밖에 없기 때문이다. 그러나 종합반 강의 중에서 자기에게 안 맞는 강의를 어거지로 선택해야 한다. 종합반 → 단과 → 문제풀이까지 끌려갈 수밖에 없다. 또한 종합반을 과목 당 강의 일수가 얼마 되지 않아 제대로 된 강의가 진행될 수 없다. 종합반 유치를 위해 최근 노량진도 90% 할인 등을 하고 있고, 교재 무료도 하고 있다. 학원이 종합반 수강생을 확보하면 단과 문제풀이로 유도해 1년 농사를 잘 지을 수 있기 때문이다.

저자도 강사이다 보니 학원으로부터 '종합반에 신경을 써라'는 압박을 받는다. 또한 동료 강사들도 종합반 하라고 강권을 한다. 그러나 종합반은 초시생이 많고 그냥 공부 한번 해볼까라는 생각으로 강의를 듣는 수험생이 많아 분위기가 안 좋다. 수강생 수준도 낮고, 의지도 약하고, 핸드폰으로 문자 보내면서 수강하는 ATM 기기, 늦게 오는 게 다반사인 부모님 등골 브레이커, 모의고사 답안지 제출 안 하는 의지박약아 등 정말 폭탄 수험생이 깔려 있는 게 종합반이다. 강의 일수가 단과의 3분의 1 밖에 안 나오므로 제대로 된 강의가 안 이루어진다. 학원은 싫어하겠지만 종합반은 정말 비추다. 자기에게 맞는 선생을 잘 골라 단과로 강의를 들어야 한다.

질문 강의나 교재는 어떻게 선택해야 하나요?

인터넷에서 정보를 찾지 말고, 합격생이나 그 과목을 잘하는 수험생의 조언을 듣고 강의나 교재를 선택해야 한다. 잘못된 강사 선택은 시간을 허비해 1년을 그냥 날리게 된다. 인터넷 작업으로 이루어진 정보에 근거해 강사 선택을 해서는 안 된다.

주요 학원들은 매달 억대의 광고비, 인터넷 작업비를 사용해 인터넷을 장악하고, 마치 객관적인 여론인 양 정보를 퍼뜨린다. 이걸 광고라고 하는 놈들도 있으나, 이는 범죄행위다. 유출된 개인 정보를 중국 등에서 몇만 개씩 사서 허위 ID를 만들어 글을 올리고, 댓글을 올리는 것은 광고가 아니라 범죄행위다. 이런 범죄행위가 횡행하고 있다.

법을 집행해야 할 공무원들이 될 수험생들이 공부하고 있는 곳에서 범죄가 판치고 있고 수험생들도 무감각하게 세뇌당하는 좀비가 되고 있다. 그 피해는 이루 말할 수 없다. 1~2년 지나면 그제서야 진실을 알고 분통을 터뜨리지만 지나간 일이다. 학원들은 새로운 먹잇감을 찾아 인터넷에서 물량공세로 여론을 형성한다. 신입 수험생들은 이 정보밖에 없으므로 1~2년을 허비하게 된다. 인생이 낭비된다는 것이 문제다. 강의 때 이런 말을 하면, 인터넷에서 공격의 표적이 된다. 저자도 인터넷 작업꾼들의 대표적인 공격 대상물이다. 이들이 여러분의 ID를 이용해 글을 올리고 있다. 마치 제3자인 것처럼, 객관적인 것처럼 글을 올리지만 이들은 제3자가 아니다. 학원에서 고용한 작업꾼들이다.

합격생이나, 공부 잘하는 수험생을 먼저 찾아라. 찾기 힘들다는 반문이 나올 수 있다. 그런 게으름이 1~2년을 허비하게 하고, 당신을 추락시킬 것이다. 알아서 하기 바란다.

질문 황남기 스파르타반은 어떻게 운영되나요?

황남기 스파르타반은 별거 없다. 공부 잘하는 사람을 선별해 공부 잘하는 사람끼리 공부 할 수 있도록 해준다. 공부 잘하는 사람과 경쟁해 자극도 되고, 스스로 통제가 된다. 가을에는 합격자 스터디가 있다. 또한 2014년 부터 추진하고 있는 Training자료 만들기는 앞으로 합격여부를 결정짓는 주요 변수가 될 것이다.

행시 축소, 좋은 일자리 감소로 실력있는 수험생들이 대거 7급 시험으로 몰려들고 있다. 경쟁이 치열해진 만큼 제대로 공부해야 하고, 제대로 공부할 수 있는 수험생과, 제대로 된 자료로 공부해야 단기에 좋은 성적으로 합격해 원하는 부처에 갈 수 있다.

앞으로 황남기 스파르타반이 7급 합격자의 메카가 될 것이다.

질문 왜 암기과목이 80점대에 머무나요?

물론 이해를 완벽하게 하면 그 점수를 얻을 수 있다. 그러나 그렇게 하려면 시간의 부족으로 다른 과목은 공부할 수 없게 된다. 최근 출제자들은 지문을 길게 내고, 핵심단어를 옳지 않은 단어로 슬쩍 바꾸어 낸다. 그러면 답을 찾기가 어려워질 수 밖에 없다. 어떻게 함정을 파는가를 미리 찾아내서 연습하고 시험장에 가야 한다. Key word를 바꿔 내는데 그 방법을 알고 있어야 한다. Training 자료는 옳은 키워드와 옳지 않은 함정단어를 같이 나열해 비교해서 공부하도록 되어 있다. 옳은 Key word와 함정단어를 비교해서 공부해야 함정에 빠지지 않는다. 기본서는 옳은 지문만 있기 때문에 읽을 때는 알지만, 막상 함정을 파면 답을 찾기가 어려운 내용이 있다. 이런 내용이 무엇인지 잘 선별해야 한다.

함정문제를 어떻게 만들고 준비해야 하는지 공부해 보자.

판례

임대차 존속기간 판례에서는 계약의 자유와 재산권이 경합하고 계약의 자유침해를 중심으로 판단하였다. 문화방송이 방송광고를 하려면 반드시 한국방송광고공사를 통해야만 한다는 심판대상은 계약의 자유와 직업의 자유가 경합하나 직업의 자유침해중심으로 판단한다는 것이 판례 입장이다.

함정문제

- 건물의 임대차 존속기간을 20년으로 한정한 민법에 대한 헌법재판소는 재산권 침해여부를 중심으로 침해여부를 판단하였다. (X)
- 공법상 재단이 최다 출자자인 방송사는 한국방송광고공사가 위탁한 방송광고를 할 수 있도록 한 것은 계약의 자유 침해여부를 중심으로 판단해야 한다. (X)

함정문제 대비 Training 자료

- 건물의 임대차 존속기간 (재산권 / 계약의 자유) 침해를 중심으로 판단한다.
- 공법상 재단법인이 최다출자자인 방송사는 한국방송진흥광고공사에서 위탁한 광고에 한해 방송광고하도록 한 것 : (계약의 자유 / 직업수행의 자유)를 중심으로 심사하고 평등권 침해여부는 별도로 심사(한다 / 안한다).

임대차 존속기간 사건에서 Keyword는 계약의 자유이고 함정단어는 재산권이다. 방송광고에서는 Keyword는 직업의 자유이고 함정단어는 계약의 자유이다. 이를 분석하고 있다면 쉽게 문제에 답을 할 수 있다. 그렇지 않다면 문제 푸는데 시간이 걸리거나 오답할 가능성이 높다.

헌법 Training 자료 예시

0508 영국의 인권선언은 (천부적 권리선언 | **절차적 보장**)
미국과 프랑스의 인권선언은 (**천부적 권리선언** | 절차적 보장)

0511 바이마르헌법 (**인간다운 생활할 권리**, **사회국가원리 최초수용** |
사회국가원리 명문규정, **대통령 직선** | 간선, **직접민주주의** | 대의제)

0512 시민혁명시 시민(**자연법** | 실정법)
⇨ 19c 후반(자연법 | **실정법**)
⇨ 20c 후반(**자연법** | 실정법)

0516 세계인권규약은 국내법적 효력이 (**있다** | 없다).

0518 슈미트 기본권관(**자연법적권리** | 실정법적권리, **전국가적** | 국가내적 권리,
국가로부터의 자유 | 국가를 향한 자유, 정치적 | **비정치적**, 국가창설원리)

0521 실정권설에 따르면 자유권은 법에 규정된 권리(**이다** | 아니다).

0523 슈미트는 자유권의 양면성이론을 (인정하고 | **인정하지 않고**),
제도적 보장 이론은 양면성이론에 영향을 (**미쳤다** | 안 미쳤다).

0524 헤벌레의 제도적 기본권관 :
법률유보는 (기본권 제한적 | **기본권 형성적**) 법률유보이다.

한국사 Training 자료 예시

고려경제

1. 전조 10분의 1로 개혁 : (태조 | 광종)

2. 진전을 개간하여 경작하는 자는 사전의 경우 첫해 수확량을 모두 가지고, 2년째부터 주인과 반씩 나눈다 : (태조 | 광종), 조와 역을 3년간 면제 : (태조 | 광종)

3. 양안과 호적 작성 : (호부 | 삼사 | 어사대 | 각 관청) (20)년마다 양안작성

4. 회계업무 : (호부 | 삼사 | 어사대 | 각 관청)

5. 실제조세 징수와 집행 : (호부 | 삼사 | 어사대 | 각 관청)

6. 전곡의 출납 : (호부 | 삼사 | 어사대 | 각 관청)

7. 부세 징수 및 감면 : (호부 | 삼사 | 어사대 | 각 관청)

8. 민전 : (매매, 기증, 임대대상, 세습됨, 10분의1을 세금으로, 백정농민노비도 소유권 보유)

9. 소유권 기준 : (공전 | 민전 | 사전)
   수조권 기준 : (공전 | 민전 | 사전)

10. 고려때 식읍제도가 있었다 (o)

11. 전시과는 (소유권 | 수조권) 지급, 따라서 지급된 토지는 매매 · 증여가 원칙적 (가능 | 불가)

12. 전시과 : (전지 | 시지, 전국 | 경기 내 | 외역전, 농민경작권 보장, 18등급 따라 차등지급, 사후반납 원칙, 농민에게 토지분배규정 없었다)

13. 과전법 : (전지 | 시지, 전국 | 경기 내, 외역전, 농민경작권 보장, 18등급 따라 차등지급, 사후반납 원칙, 농민에게 토지분배규정 없었다)

14. 역분전 : (**태조** | 경종 | 목종 | 문종, **공신** | 직관 | 산관, **공로** | **인품** | 사색공복제)

15. (18품, **논공행상적**, 군인전 | 공음전시과 법제화, 무관 차별 개선 | 한외과 소멸 | 외역전 | 별사과 | **경기대상** | 전국적)

16. 시정전시과 : (태조 | **경종** | 목종 | 문종, 공신 | **직관** | **산관**, **인품**, **사색 공복제** |품18품 | **역분전을 모체**, 군인전 | 공음전시과 법제화 | 무관 차별 개선 | 한외과 소멸 | 외역전 | 별사과 , 경기대상 | **전국적**)

17. 개정 전시과 : (태조 | 경종 | **목종** | 문종, 공신 | **직관** | **산관**, 공로 | 인품 | 사색공복제 | **18품** | 논공행상적, 역분전을 모체, **군인전** | 공음전시과 법제화 | 무관 차별 개선 | 한외과 소멸 | **한대과 설정** | 외역전 | 별사과 | 경기대상 | **전국적**)

18. 경정 전시과 : (태조 | 경종 | 목종 | **문종**, 공신 | **직관** | 산관, 공로 | 인품 | 사색공복제 | **18품** | 논공행상적, 역분전을 모체 | **군인전** | **공음전시과 법제화** | **무관 차별 개선** | **한외과 소멸** | **외역전** | **별사과** | 경기대상 | **전국적**)

19. 배경 – 중국식 문무산계 제도로 개편 : (역분전 | 시정전시과 | **개정전시과** | 경정전시과 | 공음전시과)

20. 무관에 대한 차별개선 : (역분전 | 시정전시과 | 개정전시과 | **경정전시과** | 공음전시과)

21. 신진 사대부의 경제적 기반 : (역분전 | 시정전시과 | 경정전시과 | 개정전시과 | 공음전시과 | 녹과전 | **과전법**)

22. 군인전 설치 : (역분전 | 시정전시과 | **개정전시과** | 경정전시과 | 공음전시과)

23. 4색 공복에 따른 인품과 관품 동시 고려 : (역분전 | **시정전시과** | 개정전시과 | 경정전시과 | 공음전시과)

24. 관리들이 녹봉이 적어 현직관리들에게 일시적, 경기 토지지급 : (공음전시과 | **녹과전** | 과전법)

25. 공양왕 : (역분전 | 시정전시과 | 개정전시과 | 경정전시과 | 공음전시과 | 녹과전 | **과전법**)

26. 1과 전지 110, 시지 115 : (역분전 | **시정전시과** | 개정전시과 | 경정전시과 | 공음전시과 | 녹과전 | 과전법)

27. 1과 전지 100, 시지 70 : (역분전 | 시정전시과 | 경정전시과 | **개정전시과** | 공음전시과 | 녹과전 | 과전법)

28. 1과 전지 100, 시지 50 : (역분전 | 시정전시과 | 개정전시과 | **경정전시과** | 공음전시과 | 녹과전 | 과전법)

29. 한외과 폐지 : (역분전 | 시정전시과 | **경정전시과** | 개정전시과 | 공음전시과 | 녹과전 | 과전법)

30. 5품이상 고급관리에게 지급, 1/2 수취 : (**공음전** | 한인전 | 구분전 | 내장전 | 군인전)

31. 6품이하 하급관리 자제로 관직에 오르지 못한 사람에게 지급, 관직 진출 시 반납 : (공음전 | **한인전** | 구분전 | 내장전 | 군인전 | 외역전)

32. 6품이하의 하급관리 자신과 군인 자신, 이들 유가족에게 지급 : (공음전 | 한인전 | **구분전** | 내장전 | 군인전 | 외역전)

33. 왕실 소유지 : (**내장전** | 군인전 | 외역전 | 별사전 | 공해전)

34. 중앙군의 군인에게 : (공음전 | 한인전 | 구분전 | 내장전 | **군인전** | 외역전)

35. 향리에게 : (공음전 | 한인전 | 구분전 | 내장전 | 군인전 | **외역전**)

36. 승려, 지리업 종사자에게 : (공음전 | 한인전 | 구분전 | 내장전 | 군인전 | 외역전 | **별사전**)

37. 중앙, 지방 관아에게 : (별사전 | **공해전** | 사원전 | 민전)

38. 영업전 : (**공음전** | 한인전 | 구분전 | **내장전** | **군인전** | **외역전** | 별사전 | 공해전 | 사원전 | 민전)

39. 공전 : (**내장전** | **공해전** | **둔전(군대)** | **학전(학교)** | **적전** | 과전 | 공음전 | 한인전 | 군인전 | 구분전 | 사원전)

40. 사전 : (내장전 | 공해전 | 둔전(군대) | 학전(학교) | 적전 | **과전** | **공음전** | **한인전** | **군인전** | **구분전** | **사원전**)

41. 수조지의 수세율 : 과전 (10)분의 1
내장전 · 공해전 · 둔전과 같이 수조권을 국가가 가지는 경우 (4)분의 1
공신전 · 공음전은 (2)분의 1

42. 구분전 설치 : (역분전 | 시정전시과 | 개정전시과 | **경정전시과** | 공음전시과 | 녹과전 | 과전법)

43. 인품이 배제되고 관계의 고하에 따라 18과로 나누기 시작함 : (역분전 | 시정전시과 | **개정전시과** | 경정전시과 | 공음전시과 | 녹과전 | 과전법)

조선경제

44. 과전법 : (전국에 분급 | 경기에 한정 | 관등의 고하에 따라 수조권 지급 | 전지, 시지 지급 | 전지만 지급 | 농민의 경작권 법적보장 | 원전반납의 원칙(=세습금지) | 공전과 사전의 명확한 구분 | 병작반수 금지 | 외역전 · 군인전 지급 | 녹봉도 지급 | 신진사대부의 경제적 기반 확보)

45. 과전의 종류 (군전 | 수신전 | 휼양전 | 인리위전 | 늠(급)전 | 공신전)

46. – 사망한 관인의 자녀에게 20세까지 지급 (휼양전)
- 향리들에게 지급 (인리위전), 세종, 세조 때 폐지
- 지방에 거주하는 한량관 들에게 지급 (군전)
- 관리의 수절한 처에게 지급 (수신전)
- 공신들에게 지급 (공신전)
- 지방관아에 지급 (늠(급)전)
- 세습 가능 (수신전, 휼양전, 공신전)

47. 직전법 : (세조 때 | 현직관리에 소유권 분급 | 직관에게만 수조권 지급 | 퇴직시 반납 | 수신전 · 휼양전 폐지 | 국가의 토지지배권 강화 | 세습으로 인한 과전부족의 문제해결위해 시행)

48. 관수관급제 : (성종 때 | 관청에서 생산량 조사하여 직접징수 | 전주권의 강화 | 국가의 토지지배권 강화 | 소작농감소, 자영농 증가 | 수조권 남용폐단 시정위해 시행)

49. 직전법 폐지 = 녹봉제 시행 : (명종 때 | 오로지 녹봉만 지급 | 수조권적 지배 강화 | 소유권에 입각한 토지 지배관계 | 수조권 소멸 | 지주전호제 소멸 | 병작반수제 확산 | 지주와 전호가 신분적 예속관계 | 양반들의 토지소유 욕구 증대 | 자영농 증가 | 대부분의 농민 소작농 전락)

50. 공법 : (수령 · 사족 · 전주에 의한 답험법 | 공 · 사전 모두 관답험, 풍흉에 따라 연분 (9)등급 | 토지의 비옥도에 따라 (6)등급, 풍흉의 정도에 따라 최대 (20)두 ~ 최소 (4)두 , 1등전과 6등전의 1결당 면적은 동일하다 | 1등전~6등전의 1결당 생산량이 400

두로 동일, 1결당 조세는 동일하다, 수조율 1 | 20 | 세율감소, 수세액 증가, 전분의 등급이 높을수록 1결당 조세액 많이 부담 | 연분의 등급이 높을수록 1결당 조세액 많이 부담, 토지측량시 등급에 따라 사용되는 척이 다름, 수등이척법, 이적동세)

51. 영정법 : (풍흉에 관계없이 토지1결당 (4)두로 고정, 수등이척법 적용 | 양척동일법 적용, 동적이세, 재정부족분 결작으로 보충 | 연분9등법의 폐단을 시정 | 전세의 정액화, 농민에게 유리 | 다양한 부가세 농민에게 전가되어 부담증가)

52. 조선초기 1결의 최대생산량 (300)두, 세율 10분의 (1), 잉류지역(평안도, 함경도, 제주도)

53. 공납 : (세종때 토지결수에 따라 (5)등호제, 토산물부과원칙 | 토산물이외 부과 多, 16c에 방납인이 공물을 받치고 그 대가를 농민에게 받음, 방납의 폐단 발생, 점퇴의 빈발, 공납부담 〈 전세부담, 이이가 대공수미법 주장하여 개혁시도)

54. (조광조) 중종 때 방납폐단근절 주장, 조식 방납폐단시정요구, (이이) 대공수미법

55. 대동법 : (가호기준 | 토지결수 기준, 1결당 (12)두 | 처음실시 할 때부터 1결당 12두로 고정, 이원익의 주장으로 선혜청 설치 | 전국에 선혜청 설치하여 대동법 주관, 방납의 폐해가 가장심했던 함경도와 평안도에서부터 실시 | 광해군 때 경기도에서 최초 시작, 양반지주반대로 전국적 실시까지 100년 걸림, 3정승 · 호조판서 선혜청 주관, 공물납부는 모두 쌀을 납부하는 것으로 바뀜 | 쌀이나 삼베 · 무명 · 동전 등으로 납부가능, 조세의 금납화 | 별공과 진상등의 현물징수 소멸, 상공에만 적용, 양반지주부담 감소 | 농민부담 경감, 면세상인인 공인의 등장 | 어용상인인 공인의 등장으로 상품화폐경제 발달, 선대제 수공업 발달, 독점적 도고상업 성장, 공인자본에 수공업자가 예속, 상납미가 감소하면서 지방관아의 유치미가 증가 | 봉건사회 해체촉진)

56. 대동법 : (광해군) : 경기도 16두 → (인조) : 강원도 → 효종 : 충청도, 전라도 13두 → 숙종 : 함경도, 평안도, 제주도 제외 전국 시행 → 12두

57. 요역 : (16~60세 정남에 부과 | 태조 때 호구기준 | 세종때 토지 기준, (성종) 토지 8결을 기준으로 1명 | 토지 1결을 기준으로 1명)

58. 군역 : (현직관료 · 성균관유생 · 향교유생 면제 | (세조)때 보법의 실시로 군역의 요역화 | 15c 대립 · 방군수포 발생 | (중종)때 군포 2필 받아 군역면제 군적수포제 합법화 | 백골징포 · 황구첨정 · 인징 · 족징의 폐단)

59. 균역법 : (1년에 군포 1필로 감해줌, 양반과 농민의 군역부담 균등, 양반과 노비는 군포 면제, 부족해진 재정보충위해 호포법 실시, 재정보충위해 1결당 (2)두의 결작 부과, 양반에게 선무군관포 징수, 어장세 · 염전세 등의 잡세를 균역청에서 징수, 농민부담의 일시적 완화, 결작 · 선무군관포 등의 농민전가로 농민부담 증가) ⇒ 흥선대원군 (호포제) 시행

60. 환곡 : (삼정의 문란 중 폐단 가장 큼 | 문종 때 국가주도의 사창제 최초실시 | 성종 때 정부의 지원받는 사창혁파 | 지방양반들의 사창제 고리대로 변질 | 세종때 3승모법 시행 | 세조 때 의창은 전국적인 기구 | 세조 때 상평창이 의창업무 대행)

이런 식으로 정리해 두어야 키워드를 속이는 문제에 쉽게 적응할 수 있다. 문제가 나올 것을 철저히 분석하고, 대비하고 있지 않는 한 출제자가 교묘하게 출제하므로 공부를 열심히 해도 암기과목은 80점대를 넘기 힘들다.

열심히 공부하는 것으로는 부족하다. 문제가 어떻게 나올 것인지 분석하고, 정리하고, 훈련해야 한다.

이런 분석과 정리는 좋은 선생을 만났을 때 가능하다. 노량진에서 좋은 선생은 드물다. 그래서 공부 잘하는 수험생과 뜻이 있는 강사가 모여 황남기 Training 자료를 만들고 있다. 매년 Training 자료는 수정되고, 작업에 참여한 수험생에게만 배부된다.

질문

전 행정학이 전공이고 행정학을 잘 이해하고 있다고 생각하는데
점수가 어중간해요?

저는 첫해에 행정법을 95점 받았는데
두 번째 해에 오히려 80점을 받았어요?

이런 질문도 참 많다. 왜 그럴까?

수험생은 이해할수록 오해하기 알맞다.

오해하기에 딱 알맞은 이해를 하기 십상이다. 이해로 문제를 풀면 실수한다. 정리되고 암기하고, 훈련한 바에 따라 문제를 풀어야 한다.

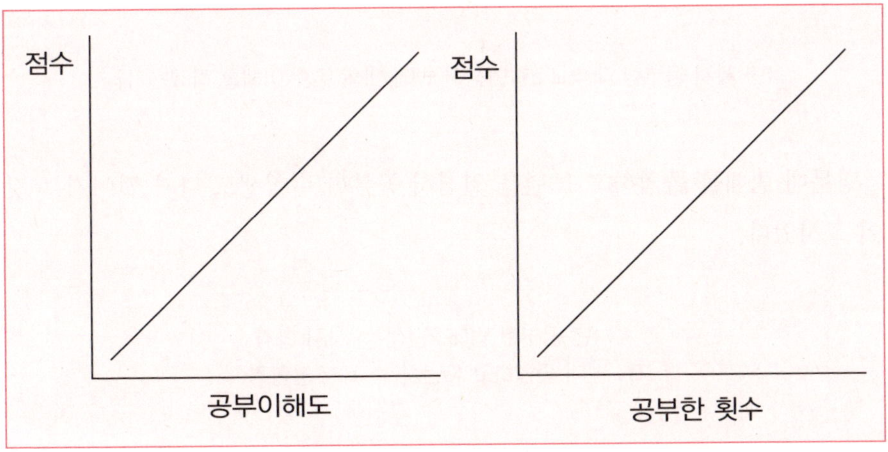

대부분 우리 머리에는 위의 그래프가 옳다고 입력되어 있다.

의문점

1. 어떻게 1년만에 합격한 수험생이 나올까?
2. 왜 3년 열심히 공부한 수험생은 떨어지고 1년 공부한 수험생은 합격할까?

다들 믿고 싶지 않겠지만 나는 2개월 정도 공부하고 외무고시 1차시험에 합격을 했다. 그 전에 고시공부를 한 적은 진짜 없다. 그런데 1차 시험도 고득점으로 합격했다. 그 과목을 알고 있는가로 치자면 그때 3천명 정도가 응시자였는데 잘해야 1000등 정도였을 것이다. 2달간 얼치기로 공부해서 합격했다.

이해를 잘해야 그 과목을 잘 알아야 합격한다는 속설은 잘못된 속설이다. 사법시험이 한창이었던 10년 전에도 1년 공부하고 1 · 2차 시험을 모두 합격한 대학교 2학년생도 많았다. 심지어 17살이 사법시험에 합격한 적도 있었다.

1년 사시 공부한 대학교 2학년생이 법에 대해 무슨 이해를 하겠는가?

명문대 법대를 졸업하고 10년을 열심히 공부한 수험생도 나가 떨어지는 것이 고시였다.

A : 1년 공부한 법대 2년생 ⇨ 사시 합격
B : 법대 졸업하고 10년차 ⇨ 사시 불합격

이런 사례가 특이한 사례였을 뿐이라는 질문을 할 수 있을 것이다.
아니다. 너무 많았다.
오히려 3년을 넘어가면 합격률은 떨어진다. 고시도 2년차에 합격률이 높다.
고시수석합격자는 공부한지 2~3년의 수험생이 대부분을 차지한다.

고시 전성시대때 다는 아니지만 고시 수험생중 30% 정도는 공부 하면 날고 기는 수험생이다. 정말 암기력, 이해력, 공부자세 어느 하나 빠지지 않는 수험생이 30% 정도였다.

이중 왜 수석합격자는 2~3년차 수험생일까?
왜 10년차 수험생 중에서는 수석합격자가 나오지 않았을까?

수석합격자는 그 과목을 제일 잘 이해하는 수험생이 아니라 시험을 제일 잘 아는 수험생이다. 판단능력이 뛰어난 수험생일 뿐이다.

전공과목을 그래도 4년을 공부하면 전공자가 아닌 수험생보다는 이해도가 높다. 그러나 합격생들 중에 행정학 전공자라고 반드시 행정학 점수가 높은 것은 아니다.

2014년에 동국대 행정학과 출신자 2명이 스타르타반 학생이었는데, 두명 다 2014년 국가직 7급에서 합격을 했다.

둘 다 행정학은 80점이 안 나왔다. 오히려 법과목에서 100점이 나와서 합격을 했다. 그중 한 수험생은 평균 86점으로 고득점해 공정거래위원회에 갔는데 헌법 · 경제학에서 점수가 잘 나왔고 행정학은 80점도 되지 않았다. 두 학생에게 행정학과목 합격자 스터디메니저를 하라고 하니 점수가 안 나와서 할 수 없다고 해 법학과목으로 과목을 정해 주었다.

노량진 강사들이 말하는 '이해를 잘해야 한다'는 말 그 자체는 맞는 말이다. 그러나 '어느 정도의 이해냐?'에서 문제가 생긴다. 10년 동안 한 과목만 파면 그 과목에 대한 이해가 커져 100점을 받겠지만 7과목을 해야 하는 수험생이 그랬

다가는 다른 6과목은 포기해야만 한다.

강사들의 말은 그 말 자체는 맞지만 그 말을 따르다간 합격에서 멀어질 뿐이다. 이해가 아니다. 합격은 정리 · 암기 · 반복훈련이다.
이해는 정리와 암기를 위한 보조적 의미를 가질 뿐이다.
이해가 핵심이 아니라 정리 · 암기 · 훈련이 핵심이다.

질문 계획을 세워도 자꾸 지연됩니다. 어떻게 해야 하나요?

계획은 항해지도와 같다. 계획없는 수험생활은 항해지도 없는 항해와 같다. 계획을 지키지 못했다고 하더라도 계획을 세워야 한다.

계획을 안 지키는 이유는?

첫째, 계획이 현실성이 없기 때문이다.
둘째, 공부에 폭발력이 없기 때문이다.

자기능력과 무관한 비현실적 계획 실현이 안된다. 자기능력에 맞는 계획을 세워야한다. 그리고 계획을 시간 단위로 짜지 않는 한 그 계획은 실천할 수 없다. 계획은 시간 단위로 세밀하게 짜고, 그 이행 정도를 철저히 점검해야 한다. 황남기 스파르타반 카페에 세부적인 학습계획예시가 올라가 있으니 참조하기 바란다.

공부에 폭발력이 없는 이유는 스스로 합격할 수 없다는 것을 알기 때문이다. 스스로 합격할 수 없다는 것을 잘 알고 있는 자신이 폭발력있게 공부를 밀어 부칠 수 있을까? 앞에서 지적한 잘못된 공부방법, 생활이 복잡하고, 인터넷에서 훈수나 두고 있으니, 그 때 공부에 전념하고 있는 수험생과 게임 자체가 성립되지 않는다. 합격할 수 없음을 스스로 잘 안다. 그러니 공부할 의욕이 있겠는가? 의욕이 떨어지니 세운 계획마다 지킬 수 없게 된다.

질문 마지막 정리는 무엇으로 해야 하나요? 기본서인가요? 기출문제인가요? 요약서인가요

기본서가 가장 바람직하다. 그러나 가장 바람직하다고 하여 당신에게 맞다는 것은 아니다. 기출문제인가? 기출문제는 기본서의 공부범위를 알려준다. 그러나 기출문제로 모든 내용을 커버할 수 없다. 그 과목은 80점으로 족하다고 생각하면 기출문제로 끝내는 방법도 있다. 그러나 특히 7급에서 최근 출제자들은 기출문제의 내용을 좀 더 심화시키는 문제를 출제하고 있다. 이런 문제는 기출문제로만 커버하기 힘들다. 따라서 기출문제를 익숙하게 공부한 다음 기본서를 다시 보는 것이 바람직하다.

그러나 속도가 느리고, 기본서에서 무엇을 봐야 할지 결정되지 않은 수험생은 기본서로 최종 정리해서는 안된다. 기본서로 최종 정리할 수 있는 수험생이라면 기본서를 하루에 어려운 내용 위주로 독파 가능해야 하고, 기출문제가 머릿속에 모두 입력되어 있어야 한다. 차선책이 기출문제 + 요약서이다. 물론 모의고사를 매우 잘 내는 선생이 있다면 모의고사+요약서로 가능하다. 그러나 모의고사 방법은 노량진 모의고사문제가 좋지 않아 권장하고 싶지 않다.

질문 저는 공부한 만큼 성적이 안 나와요?

성적이 안 나오는 이유는 여러 가지이다.

1. 당신이 공무원 시험에 안 맞기 때문이다

: 그렇다면 다른 시험을 알아봐야 한다.

2. 성적이 안 나오는 방법으로 공부를 했기 때문이다

: 초반에 너무 기본서 위주, 이해 위주로 공부했기 때문이다. 문제풀기 위한 기본서 공부를 해라. 문제에 익숙하지 않기 때문이다.

3. 문제 틀리는 습관을 바로 잡지 않아서 이다.

: 문제를 틀리는 이유부터 분석해라 그리고 훈련을 빡세게 해라.

4. 암기가 부족하기 때문이다.

: 아직 시간이 있다. 암기하자. 암기를 생활화 하자. 책을 덮고 암기하고 걸어가면서 암기하자.

5. 키워드와 함정단어를 비교해서 골라내는 훈련이 부족하기 때문이다.

: Training자료를 참조해서 키워드와 함정단어를 비교하는 훈련을 하기 바란다.

6. 진짜 열심히 했는지 자문해봐라.

: 원천불가 수험생에 비해 열심히 했을 뿐, 합격가능권 학생과 비교해서 열심히 하지 않았을 수도 있다.

7. 시간 배분에 실패했기 때문이다.

: 열심히 공부했는데 시간배분에 실패했다면 좋은 점수를 받을 수 없다. 항상 어떤 문제를 풀더라도 시간을 재고 풀자. 시간압박을 생활화하고, 실제시험보다 짧은 시간내 문제푸는 연습을 하자.

8. 쉬운 문제만 풀었기 때문일 수도 있다.

: 수준 낮은 모의고사 문제를 풀다보면 자기점수를 착각하는 경우가 있다. 제대로 된 문제를 풀자. 그러나 노량진에 제대로 된 문제가 거

의 없다. 너무 쉬운 문제, 안 나오는 기괴한 문제가 대부분이다. 10% 학생이 선생이 문제를 만들어 풀 수 있는 힘을 실어 주어야 한다. 그래야 제대로 된 선생이 제대로 된 문제를 만들 수 있다.

9. 마지막 정리할 때 욕심을 냈기 때문이다.

: 마지막 정리 때 이미 봤던 내용을 차분히 다시 봐야 하는데 자꾸 새로운 강의, 새로운 문제에 집착해 이미 잡아 놓은 집토끼마저 놓쳤기 때문이다. 마지막에는 욕심내지 말고 이리 저리 뛰어다니지 말고 이미 본 문제나 다시 보고 가자라는 소박한 마음을 갖자 여기서 안 나오면 할 수 없지라고 생각하자. 마지막에 욕심부리지 말자.

성적이 안 나오는 이유는 여러 가지 이고, 중첩된 이유 때문이다. 위의 내용을 읽어보고 자기에게 해당하는 것을 고쳐야 한다.

질문 매일 한 과목씩 공부해야 하나요, 여러 과목을 동시에 공부해야 하나요?

사람마다 다르다. 공부에 쉽게 싫증을 느끼는 수험생은 한 과목씩 하는 것이 비효율적이다. 그렇지 않다면 한 과목씩 하는 것이 효율적이다.

예를 들면 다음과 같다.

오전 2시간 : 영어
오전 2시간 : 국어
오후 4시간 : 헌법 강의 수강
저녁 4시간 : 헌법 복습
기본서 공부를 할 때는 영어 · 국어에 한 과목을 추가하는 것이 바람직하다.

한 과목 공부하는게 싫증이 나면 강의처럼 다른 한 과목은 월화수 헌법, 목금토 경제학 식으로 공부하는 것도 좋다.

질문 진짜 선생님 말씀대로 1000페이지나 되는 기출문제를 이틀 만에 풀 수 있나요?

농담이지만 '불신지옥. 불신불합격'이다. 우리가 행정법은 몇 분 안에 풀어야 하냐면 12분 정도이다. 12분에 20문제이므로 60분이면 100문제이다. 10시간이면 1000문제이다. 따라서 2-3일이면 1000페이지가 넘는 행정법을 풀 수 있다. 좀 서두르면 3일이면 복습까지 충분하다. 혼자서는 힘들지만 같이 하면 충분히 할 수 있다.

다음은 합격 캠프에 참가했던 수험생들의 후기이다.

김00 : 캠프 신청하고 첫 시간 할 때까지 과연 이틀 만에 한 번 볼 수 있는 것일까? 의문이 들었습니다. 대충 훑어보는 격일 텐데 효과가 있을까? 걱정했었습니다. 하다 보니 이게 가능한 것이었다는 것을 깨달았고요. 멘토님들과 같은 수험생들 사이에서 많은 것과 여러 관점을 얻어갑니다. 1회독은 끝내고나서 다시 한 번 읽어보니 또 한 번 놀랍니다. 경험해보시면 느껴보실 겁니다.

서00 : 1.1000페이지가 넘는 방대한 양을 이틀 만에 보는 것이 정말 가능할까 반신반의하며 캠프에 참가했어요. 정해진 시간표대로 함께 문제를 풀다 보니 혼자 할 때와는 다르게 큰 용기가 생겼던 것 같아요. 사실 그동안 수험생활을 하면서 기본강의를 들을 때는 이해가 잘 되는 듯해도 막상 문제를 풀면 적용이 잘 안되고, 한 번에 틀린 부분을 찾아내기가 힘들다 보니 채점할 때마다 비가 내려서 문제 푸는 것에 대해서 두려움을 가졌었는데요. 황쌤 강의 듣고, 날개보고, 이번 헌법캠프 참가하면서 문제에 대한 거부감을 날려버린 것 같아서 정말 정말 뜻깊은 이틀이었습니다~

A군 : 너무 좋은 기회였습니다. 도서관이나 독서실 보다 훨씬 집중도 잘되고 합격자분과 함께 하니 도움도 많이 되었습니다. 이런 기회를 제공해주신 황남기 선생님께 감사드리고, 많은 것을 전수해주려고 노력해준 합격자 멘토에게도 감사합니다. 행정법도 하고 싶은데 아직 강의를 못 들어서 참여할 수 없는 것이 매우 안타깝습니다. 한 번 더 기회가 있으면 합니다.

권00 : 문제집을 이틀 만에 1회독 하는 것에 대해 부담이 있었습니다. 그러나 막상 50여명의 사람들이 한 데 모여 시간을 정하여 주어진 범위를 보게 하다 보니, 분위기에 따라 자연히 따라가게 되었습니다. 또한 저희 조 조장님이신 정윤희 합격자분께서 수험생활에 필요한 정보도 세심하게 알려주시고, 문제 푸는 방법에 대해서도 깔끔하게 지도해주셔서 도움이 많이 되었습니다.

김0 : 신청 마감일까지도 과연 이 계획을 따라갈 수 있을지 고민을 거듭하다 결국 참여하게 되었는데, 예상 외의 성과를 거둬서 좋았습니다. 두꺼운 문제집을 본다는 것 자체에 거부감이 있었는데, 캠프 덕분에 1회독을 하고나니 문제집을 무작정 푸는데 대한 두려움이 없어졌습니다. 또 제 자신의 집중력과 인내심에 대해 항상 스스로 갖고 있던 의심을 단숨에 깨버린 느낌입니다. 더불어 멘토님의 여러 조언들과 암기 방법 등에 대해 자세히 들을 수 있어서 그것 또한 너무나 도움이 되었습니다. 해이해지는 순간이 찾아올 때 이 성취감을 떠올리면서 더욱 노력해야겠다는 생각이 들었습니다.

반00 : 이틀 만에 기출문제집 1회독해낸 것이 뿌듯하고, 합격자 조장님의 깨알 같은 암기팁과 조원들의 정보공유 덕분에 아주 유익한 시간이었습니다!

나중에 혼자서도 이틀 잡고 도전해 볼 수 있을 것 같아요 다음 캠프도 있었으면 좋겠습니다. 한국사 캠프가 있으면 꼭 참여 하고 싶네요.

김00 : 밀도 있는 공부가 얼마나 효율적인지...집중력을 가지고 정해진 시간에 오로지 공부에만 정신을 쏟는다는 게 어떤 건지 많이 느끼고 왔습니다. 내가 부족한 점이 무엇이고 어떻게 고쳐나가야 하는지 멘토님과 선생님께서 방향을 잡아주셔서 갈대처럼 흔들리던 제가 점차 바로 서 갈 수 있는 기회였습니다. 첫날은 너무 힘들어서 녹초가 됐었는데 그마저도 오랜만에 느껴보는 뿌듯함이었구요.. 선생님과 합격생 멘토님. 함께 열정으로 공부한 조원들도 감사합니다.

서00 : 처음에 신청하고 토요일 아침에 학원에 도착했을 때만 해도 이틀 동안 이걸 다 푸는 게 가능하긴 한가. 싶었는데 멘토분이 노하우도 알려주시고 다른 사람들이랑 같이 푸니까 되더라구요ㅎ 신기했어요. 특히 첫날 저녁타임쯤엔 너무 지쳐서 그냥 그만두고 싶은 순간이 왔는데 다들 앉아서 열심히 풀고 있는 모습을 보니 마음을 다잡고 다시 집중하게 됐어요. 마치 달리기 할 때 사점이 지나고 러너스 하이가 오듯이 그 순간을 넘기니까 다시 집중도 되면서 뿌듯하고 막 그랬어요ㅎ 정말 참석하길 잘한 듯. 국사랑 행정학도 이런 기회가 있었으면 좋겠어요.

강00 : 이틀 만에 두꺼운 기출문제집을 풀 수 있다니. 선생님께 인사드리고 나오는 발길이 너무 뿌듯했습니다. 조원 분들과도 간식거리를 나눠먹으며 훈훈하게 공부했습니다~ 이번에 합격하신 조장님이 수험생활에 대해 소중한 조언도 많이 해주시구요ㅎㅎ 공부뿐아니라 마음도 든든해진 이틀이었습니다^^ 국사도 이런 기회가 생긴다면 참석하고 싶습니다. 이런 기회 만들어 주셔서 감사드려요^^

민00 : 이틀 만에 문제집 한권을 푼다는 게 쉬운 일은 아니었지만 같은 목적을 가진 사람들이 모여서 같이 문제를 풀다보니 그 시너지 효과 덕분에 기출문제를 다 풀 수 있었던 것 같습니다. 저 같은 경우에는 단과 강의를 다 들은지 얼마 되지 않은 시점에서 camp에 참가했기 때문에 효과가 더 좋았던 것 같습니다. 어느 부분이 부족한지 제 약점을 파악할 수 있었고, 짧은 시간 동안 많은 문제를 풀다보니 전체적인 흐름도 잡히는 느낌이 들었습니다. 그리고 합격자 조장님의 수험생활에 대해 들을 수 있었던 것도 좋았고, 다른 사람들과 문제풀이 속도를 비교할 수 있었던 것도 좋았습니다.

강0 : 기출문제집을 푸는데 걸리는 5~7일의 시간을 이틀로 끌어올 수 있습니다(기차타고 가는 걸 비행기타고 가는 원리). 주말에 쓸데없는 짓 하지 않고 책 한권을 다 볼 수 있습니다. 이런 기획력이 좋아 참여했는데 제가 기대한 것들을 얻어갈 수 있어서 만족합니다. ^^ 그리고 합격자분들의 깨알 노하우를 전수받을 수 있으며 전체적인 수험생활 조언을 받을 수 있습니다. 황남기 선생님이 학생들 상담도 해주셨습니다. 오전 오후 저녁에 한 번씩 치르는 모의고사는 정신력과 긴장감을 다져주는 효과가 있습니다.

김00 : 기출문제집을 이틀 만에 풀어 낼 수도 있구나! 혼자서 했다면 벅찬 양이었을 텐데 다른 조원들과 함께 하니까 가능하더라고요. 집중도 훨씬 잘 되고, 매우 유익한 시간이었습니다. 앞으로 회독 수 늘려갈 때도 캠프 커리큘럼 맞춰서 하면 혼자서도 2~3일 만에 기출 돌릴 수 있을 것 같아요!! 최소 이주일은 잡고 갈 생각하고 있었는데 이 캠프 덕분에 시간을 훨씬 단축하는 법을 배웠습니다. 정말 감사드려요. 그리고 합격자 멘토님과 팀원분들한테서 실질적인 도움을 많이 받을 수 있어서 매우 좋았어요.

강00 : 마중물 같은 캠프였습니다. 그동안 공부하다 많이 퍼졌었는데 하면 된다는 확신을 가슴 깊이 심을 수 있었습니다. 처음엔 가능하겠어? 버텨만 보자 하고 시작했는데 하고 나니 자신감도 많이 생겼습니다. 마지막으로 혼자 하긴 힘들지만 강한 동기와 목적을 가진 사람들이 모이면 못할 일이 없다는 생각이 들었습니다. 그래서 스파르타반에 너무너무 욕심이 나는 군요. 캠프동안 쌤이랑 합격자분들한테 100만 원어치 컨설팅 받아서 공부 계획도 확실해지고..아무튼 일석 십조 같은 캠프였습니다. 자주는 아니지만 한 달에 한 번쯤은 꼭 해 보고 싶습니다.

송00 : 이틀 만에 1000문제 넘게 풀었다는 사실이 아직도 믿겨지지 않을 정도로 정말 뿌듯합니다. 이것이 진짜 '수험'공부구나…하고 느끼면서도 그동안 내가 얼마나 느슨하고 안일하게 공부해왔는가에 대한 철저한 반성도 하게 되는 자리였습니다. 뿐만 아니라 합격자님이 알려주신 진솔하고도 알찬 수험경험담과 세심한 관리, 문제 접근 노하우 등도 정말 도움이 많이 되었습니다. 이런 기회를 만들어주시고, 냉철하면서도 진심어린 상담도 해주신 황남기 선생님과 정윤희(2조) 합격자 멘토님께 진심으로 감사드립니다.

남00 : 여러 사람들이랑 같이 풀어서 그런지 별로 힘들지 않았고 오히려 재밌었어요 그리고 기출문제를 푸는 것도 좋았지만 저는 그것보다 합격자분을 만날 수 있어서 더 좋았던 것 같아요. 공부 팁이랑 수험생활에 도움 되는 것들 정말 많이 알려주셨고, 그동안 궁금했던 것들 다 물어볼 수 있어서 좋았어요. 아 그리고 수험계획표 짜는 것도 도와주시고 아무튼 조장님께 정말 많은 도움을 받았어요.

" 실패를 걱정하지말고
부지런히 목표를 향하여 노력하라.
노력한 만큼 보상을 받을 것이다. "

노만V. 필

황남기와 시행착오없이 한방에 끝

제 7편

2013년 7급 합격자들이 남긴 다시 공부하게 된다면 이런 시행착오는 겪지 않도록 기억해야 할 것들

너무 어렵게 공부하지 마세요!

이해위주보다는 암기위주가 더 효율적입니다. 어렵게 이해를 해도 시험장에서 생각하는 것보다 바로바로 결론으로 답을 찍는 연습을 많이 하세요. 시험장에서는 생각할 시간 계산할 시간 없고 생각해서 알 것 같다고 하더라고 시간 1~2분 걸릴 것 같으면 어차피 포기하고 찍는 게 낫습니다.

어렵게 공부하지 말고 암기 반복하세요.

문제는 푸는 게 아니라 문제에 반응하는 것입니다. 조건반사처럼 반응할 수 있도록 공부하세요. good luck!

헌법은 최신판례를 확인 잘할 것

하루에 한 과목씩 끝낼 수 있도록 양을 줄여 놓을 것

영어는 마지막까지 놓지 않고 모의고사로 감을 유지할 것.

문법포인트랑 단어를 확인해 놓을 것

정리되지 않은 요약서보다 정리돼 있는 기출문제집을 볼 것(요약서로 그 과목을 정리하고자 한다면 이미 시험 2~3달 전부터 정리를 해 놓아야 함)

시간 분배 연습이 정말 중요한 것 같습니다.

시험장에서 생각하고 풀기보다 감각적으로 풀지 않으면 시간이 모자랍니다. 평소에 모의고사 연습을 많이 하는 것이 중요할 것 같습니다. 그리고 문제 푸는 순서도 자신에 맞게 여러 가지 시행착오를 거쳐 맞춰 보시기 바랍니다. 저 같은 경우는 영어 회계학을 나중에 푸니 평소 실력이 나오지 않았던 것 같습니다.

OMR카드 작성 연습을 하지 못한 게 아쉽습니다.

시험장 마킹연습 충분히

실제 시험시간 체감하기에 상당히 짧음

마킹 과정에서 실수해서 답안지 교체 요구했으나 다시 마킹하기까지 시간이 너무 걸려서 포기함

기본서를 소홀히 하고 기출문제에만 너무 집중한 것이 패인이었다.

기본서 숙지가 무엇보다 중요한 듯

다시 1년을 공부한다면...

지난 1년간 최선을 다해 공부했다고 말하지 못하지만 좋은 사람들을 만나 꾸준히 스터디하며 공부하고 운이 좋아 합격한 거 같습니다.

한 가지 아쉬운 것은 시험 마지막 일주일 하루 한 과목씩 정리하는데 기본서 정리가 부족하여, 힘든 과목이 몇 과목 있었습니다. 다시 1년 전으로 돌아간다면 기본서를 잘 정리하고 싶습니다. 평소 때 문제를 풀고 틀린 부분을 기본서에 성실히 체크하고 꼼꼼히 복습하고 기본서를 볼 부분, 안 볼 부분으로 정리해서 시험 마지막에 기본서로 잘 정리하고 시험을 봤으면 더 나은 성적이 나오지 않았을까 생각합니다.

쓸데없이 불안해하지 말기, 불안해하지 마세요.

불안해하든 말든 시험결과는 같습니다. 괜히 힘 낭비, 시간 낭비 하지 말고 하던 것을 끝까지 밀고 나가세요. 마지막 1,2달 흔들리지 마세요

시험을 2달~3달 정도 남겨 놓고는 많은 문제를 푸는 게 필요한 것 같습니다.

7급 시험 시간이 140분입니다. 경험으로는 헌법, 형법, 형소법, 행정법, 국사 같은 과목은 보기를 두 번 볼 시간이 없었습니다. 시험 3달 전부터는 문제를 많이 풀어서 모든 과목에서 감을 최고로 올리는 게 중요한 것 같습니다. 다시 말하면 문제를 풀다가 답이 1번이라는 확신이 들면 2,3,4번은 읽지 않고 넘어갔습니다. 그런데도 시간이 촉박했습니다. 3월 전부터는 문제를 기계적으로 많이 줄여서 시험 적응력을 키우는 게 중요한 것 같습니다.

처음 1순환 때 한 과목을 너무 완벽히 하려고 시간을 많이 소비하였음

그 때문에 1순환이 길어져서 회독수가 다소 부족했던 것 같음. 순환주기가 길어지면 느슨해져서 공부시간도 줄어드는 것 같음. 시험이 다가오면 누구나 공부를 열심히 하기 때문에 초반부터 공부량을 늘리는 것이 경쟁자와 비교우위를 점하는데 중요함. 초반 공부량을 늘리고 긴장감을 가지면 처음 순환주기를 최대한 줄이는 것이 중요함.

시험이 다가오면 깊이 있는 공부보다 전체적인 흐름을 단시간 내에 다시 검토하는 것이 필요하다고 생각됨

시험이 다가올수록 모든 것을 습득하려고 욕심부리기보다 중요한 것 위주로 다시 검토하는 것이 필요하다고 생각함.

그리고 시험 한달 전부터는 매주 모의고사에 응시하여 시간 내 풀어내는 연습이 필요함.

시험 전 – 잘했다고 생각하는 점

기출로 마무리한 것, 가장 최근 기출 점검. 모르는 것 과감히 포기, 아는 것을 더 정확히

잘못했다고 생각하는 점 : 특별히 없다

시험 중 – 잘했다고 생각하는 점

모르는 문제 나오면 당황 안함. 바로 다음 문제, 과목으로 패스

못했다고 생각하는 점 : 더블체크 할 시간적 여유가 있었음에도 자만하고 안한 점, 옳은 문제 옳지 않은 문제를 차분히 못보고 넘어감

시행착오

암기과목 공부하다가 경제학을 3달 동안 공부 안 해서 거의 망각하여 교재를 바꾸고 메꾸는데 1달 이상 투자, 경제학도 감 유지가 중요

당부

영어에서 보통정도하고 다른 과목으로 메꾸자는 분들이 대부분일 텐데 그런 생각 자체가 지고 들어가는 겁니다. 수험초기에 3달 이상 투자해서 남들보다 더 잘할 수 있도록 영어를 다져놓고 암기과목을 공부하시기 바랍니다. 편입교재를 벗삼아 공부하시면 실제시험에서 상당히 좋은 성과를 얻을 수 있습니다.

평소에 전범위 모의고사를 볼 때 100분 안에 푸는 연습을 하셔야 합니다. 푸는 게 느리면 자기 실력 안 나옵니다. 당황만 하게 되구요.

헌법 : 최신판례는 꼼꼼히 보고 들어갈 것 !

영어 : 생활영어 및 이디엄 미리 준비해 둘 것 !
단어는 시험 전날까지 외울 것!

공부법 : 기본서+객관식+마지막 정리 강의를 다 듣고 준비하는 것이 좋긴 하지만 시간이 부족하다면 무조건 기본서를 우선으로 보는 것이 맞다. 공부를 거꾸로 하지 말자. 기출문제를 꼭 풀어볼 것!

공부 / 시험 때 부족했던 점 ... 후회했던 점

공부 시작하기 전에 꼭 자격증을 따놨으면... 결국 작년 겨울에 따느라 고생

사전 조사를 해서 내게 맞는 교재와 강사를 빨리 정했더라면 수험기간을 많이 줄였을 텐데 시행착오를 중간에 많이 겪었음 ㅜㅜ (인터넷보다는 실제 수험생이나 스터디원 등에게 정보 수집하는 게 좋음)

시험 전 최종마무리 때 1일 내에 7과목 정리는 무리, 2일 이상 잡아야 함

시험 때 어려운 과목에서 당황을 많이 했는데 정작 그 과목은 잘보고 다음 과목에서 마인드 컨트롤을 못해서 점수가 낮았음

모든 과목을 완벽히 정리할 수는 없음. 미리 계획을 잘 짜서 고루 분배하는 것이 중요!! 한 두 과목 꼼꼼히 보다가 다른 과목은 아예 정리 못할 수도 있음 과목별로 성격에 따라 정리 순서를 정하는 것이 중요

경제학은 모강 등으로 감만 유지하고, 국사 헌법 통치구조 등은 요약서 위주로 시험보기 직전까지 붙들고 있으면 좋을 듯

피해야 할 시행착오

시험이 가까워 올 때 즈음에 판매하는 요약집에 의존하지 말 것

평소에 충분히 기본서를 잘 익힌 후 자신의 약점부분을 정리한 요약집을 보는 것이 훨씬 나음

학원 모의고사 점수에 연연하지 말 것

1등을 아무리 여러 번해도 그 실력이 자신의 실력이라고 확신하지 말고 자만하지 말 것

실제 시험은 많이 다르므로 끝까지 최선을 다할 것

기계적으로 외우지 말 것

그 문맥을 진짜 이해했는지 곱씹어 볼 것. 기계적으로 외운다면 해당 문장이 다른 표현으로 바뀌어 나오면 당황하게 됨

진짜 아는게 맞는지 자신에게 스스로 문제에 대해 설명해 볼 것

눈으로 익힌다고 해서 정확하게 정말 아는 것이 아닐 수 있음

최신 판례(헌법)는 꼭 보고 들어갈 것

황남기 선생님 수업~~

〈외무영사직〉

제2외국어는 웬만하면 경험이 있는 것으로 선택, 새로운 언어를 시작하는 데는 부담이 큽니다. 언어 공부, 특히 외국어 공부를 하는 제일 좋은 방법은

독해 무조건 독해. 법 관련 최신 판례는 외우지는 않더라도 눈으로 한번 익혀보고 가는 게 제일 좋을 듯합니다. 시험장에서는 너무 불안해하시 말고 본능적으로, 본인의 느낌을 믿으세요. 사실 영사직에서는 모든 과목을 통틀어 독해력이 가장 중요하다고 생각합니다. 문제가 물어보는 게 무엇인지 빠른 시간 내에 파악하는 법, 평소에 꾸준히 책을 읽는 것을 추천합니다. 마킹순서, 비슷한 것끼리 묶어서 영어/외국어/국어 -국사/헌법-국제법/국제정치

열심히 하는 것보다 중요한 것은 즐겁게 하는 것이라고 생각합니다.

아쉬웠던 점

1. 생소한 문제에 대한 적응 그리고 그것에서 오는 시간 배분

평소에 익숙지 못 했던 부분에 대한 대비가 부족 및 그것에서 다가오는 심리적 당혹감으로 시간 배분을 잘 못했던 것 같습니다. 모의고사에선 이런 연습을 많이 해보는 것이 중요한 것 같습니다.

2. 정말 기본적인 것부터 시작

불안한 나머지 지엽적인 것에 집착을 하게 되는데 기본적인 것부터 확실한 암기가 필요한 것 같습니다.

3. 법 과목에서의 판례의 확장

법 과목은 이론보단 판례에서 비중이 늘어나므로 이론의 비중을 기본적인 것으로 축소하고 판례를 다양하게 봐야할 것 같습니다.

4. 암기노트

막판 한 달 전엔 암기노트(부족한 부분만 모아서)를 정리하고 틈틈이 활용하면 도움될 것 같습니다. 최근 기출을 고시센터에 뽑아서 다시 확인해 보는 작업도 중요하다고 봅니다.

1. 외울 것은 그때그때 외우기
2. 너무 적게 자지 않기
3. 평소에 많은 자료 접하기

시험장에서 침착하고 정신차리기

못본 문제는 반드시 나오고 정신차리면 반 이상은 맞히고 당황하면 틀림

일정점수 올라가면 이게 고득점과 커트라인을 가르는 듯함

따라서 시간압박 하에서 침착하게 문제 푸는 연습을 좀 더 했으면 하는 아쉬움이 있습니다.

끝까지 헌법조문을 더 꼼꼼히 숙지하지 못한 것이 후회됩니다

이를 소홀히 하다가 틀려서.. 끝까지 영단어, 숙어 스터디를 했어야 했습니다.

자료를 꼼꼼히 읽어보지 않은 점이 후회됩니다.

너무 자세하게 중요하지 않은 것까지 외워서 기초적인 것을 약간 소홀히 하게 됨

기초적이고 가장 기본적인 것을 잘 외우고 이 범위에서 많이 벗어나지 않는 것이 중요함

문제 많이 풀어봐서 나오는 유형 파악하고 시간 내에 풀 수 있는 연습 많이 해야 함.

영어 기초공부를 하지 않아서 문법이 많이 약했고 어휘 또한 신경을 많이 안써서 영어시험이 약했습니다

문법/ 어휘를 튼튼히 하고 독해를 꾸준히 한다면 좋은 성적 거둘 수 있을 것입니다. 시험 당일엔 시간 배분이 필수입니다!! 저도 시간배분을 못해서 평

균이 많이 떨어졌습니다.

아쉬웠던 점

국어 모의고사를 풀어보지 않고 갔던 것

솔직히 국어를 좀 만만하게 보고 모의고사를 전혀 풀어보지 않고 갔습니다. 그랬더니 이번 시험에서 국어 푸는데 시간을 25분이나 써서 다른 과목을 푸는데 시간이 모자랐습니다. ㅠㅠ 시간에 쫓기니까 평소 잘하던 경제학이나 헌법 푸는데도 글씨가 잘 안 읽히더라구요...

내년을 준비하시는 분들은 국어도 꼭 모의고사 많이 풀어보시고 가셨으면 좋겠습니다.

〈검찰사무7급〉

다시 공부한다면~착오 없이 할 수 있다!

국어 : 지나치게 실용국어(띄어쓰기, 맞춤법 위주) 중심의 공부 탈피하자. 수능형으로 변화하라.

영어 : 어렵다면 40분을 잡고 풀면 된다. 나머지 암기과목 10분 이내 풀고 95점 이상 목표로 하라

국사 : 국정교과서부터 똑바로 봐라! 2000페이지 넘는 책을 굳이 볼 필요 없다.

헌법 : 최신판례 반드시 봐라.

행정법 : 로스쿨시험 반드시 참고해라.

형법 : 이론 거의 안 나온다. 판례위주로 공부하라.

형소법 : 로스쿨 영향 크다. 사례문제(결국 판례사례다.)기출문제만 봐라. 기본서 무한반복해라.

경제학 공부방법

많은 수험생들이 객관식 경제학을 많이 보는데 경제학은 기본서(정병렬 경제학)에 나와 있다. 문제와 기출문제의 조합으로도 커버될 수 있다고 생각한다. CPA, 국회8급 등 7급 경제학 이상의 난도를 가진 문제는 어차피 7급 시험에 나오면 시간 때문에 풀 수 없다. 차라리 기본서+기출문제의 각 지문을 꼼꼼하게 분석하는 것이 더 중요하다고 생각합니다. 다른 사람들이 객관식 경제학의 많은 문제를 푼다는 것에 압도될 필요도 없습니다. 7급 경제학은 7급 경제학 수준에 맞춰서 공부하는 것이 가장 효율적인 듯합니다.

어느 정도 실력이 쌓이면 연도별로 기출문제를 모아 1회씩 푸는 것이 많은 도움이 됩니다. 가장 가치 있는 문제들인데 기본서 목차대로 된 문제집에서 놓쳤던 문제들, 개념들을 새로이 캐치할 수 있는 방법입니다.

잠을 못 잔 것

막판에 기본서에 너무 집착함 – 차라리 풀었던 문제를 다시 풀어볼 것

운동을 막판 한 달 동안 아예 안 한 것

스마트폰 때문에 집중하지 못한 것

너무 지엽적인 내용까지 붙들지 말고, 중요한 것 위주로

영어 독해

어려운 단계까지 연습하지 못했던 것. 어려운 독해를 볼 필요가 있을 듯

강의 듣고 복습 철저히 하기
외울 건 외우기

헌법 최신판례 챙기지 못한 점
'공무원 시험인데 최신판례까지 나오겠어?'라는 안일한 생각

막판 한달

멘붕상태에 빠진 것(잡생각)−막판 한달은 평소 고통의 4배

평상시 더 열심히 하지 못한 점(평상시 매일매일 스탑워치로 10시간 채우지 못한 점)

막판 한달 동안은 멘붕상태에 빠져 평상시에 해야 한다는 점을 느꼈습니다.(공부 안 됨.ㅜㅜ평상시에 해야함)

맨 마지막에 2~3일 정도 남았는데 대충 다 훑으려고 하기보다 가장 가능성 있는 부분을 추려 꼼꼼히 정확히 공부해야 함을 느꼈습니다.

스마트폰 없애지 못한 점

단어를 하루에 100개씩 외우지 못한 점

복습주기

다시 시험을 준비한다면, 문제풀이 시간을 더 빨리 갖겠습니다. 기본서나 강의는 필요한 과목에 한해 듣고, 최대한 빨리 문제풀이에 들어가 정리를 시작하겠습니다.

자신이 아는 지문과 모르는 지문을 빨리 구별해내서 모르는 지문을 확실히 숙달해 내는 것이 범위가 넓은 이 시험에서의 중요포인트인 것 같습니다.

또, 절대 욕심을 부리지 않는 것, 완벽주의를 버리는 것이 필요하다고 생각합니다. 아무리 책을 많이 본다 한들 마지막에 보지 못하면 의미가 없다고 생각합니다.

시행착오

공무원 시험을 너무 쉽게 생각하고 시작한 것이 수험기간을 오래하게 된 이유인 것 같습니다. 학원수업이 처음에는 불필요하다고 생각해서 독학+불법수업동영상으로 시작해서 첫해 시험은 정말 그냥 시간 낭비 수준이었습니다. 처음에 제대로 계획을 세우고, 먼저 공부 시작한 사람에게 물어보면서, 차분히 시작을 하는 것이 중요한 것 같습니다.

그리고 자신감을 가지는 것, 그리고 좋은 스터디를 구하는 것, 그리고 자기 비하나 어두운 생각을 안 하는 것, 열심히 매일하면 좋은 성적을 거둘 수 있을 것 같습니다.

시행착오(마지막에 미흡했던 부분들)

1. 마지막 정리를 할 때 계획을 세우고 마지막 3회독 작전을 들어갔지만… 역시 계획과는 달리 현실에서는 시간이 턱없이 모자랐다. 결국 2회독 정도 뿐 더 못하고 들어갔지만 아쉬움이 컸다. 마지막 정리 회독 작업이 수험의 꽃이다. 현실적으로 계획을 세워야 한다.

2. 계획적인 휴식의 필요성

   휴식도 철저히 계획적으로 휴식해야 한다.

3. 모의고사에 목 메지 말 것!

4. 마킹실수를 줄이자! 마킹도 수험의 한 과목으로 취급!

5. 자신감과 자만심은 동전의 양면…공무원시험은 자만하면 떨어진다. 겸손하되 자신감을 살리자!

헌법 공부법 – 황남기 선생님께서 말씀하신 것만 보면 됨
행정법 공부법 – 상동
시험보기 전 아쉬웠던 점 – 모의고사 점수에 신경 쓴 것, 절대로 모의고사 점수 신경 쓰지 마세요

아쉬웠던 점

시험에 임박해서 문제풀이를 많이 하게 되면서 기본서 내용에 신경을 많이 못쓰게 되었습니다. 막판에 내용정리 한 번을 하긴 했는데 특강이 겹치면서 기간 안배를 하는 데 실패하지 않았나 합니다. 작년과 많이 달라진 수험일정에 따라 공부를 진행해 나가야 했었는데 그러지 못해서 그런가 봅니다. 다시 시험을 보게 된다면 조금 더 알찬 커리큘럼으로 탄탄히 준비할 수 있지 않을까 합니다. 아참 경제학을 문제풀이 위주로 했는데 그러다 보니 기본 내용이 많이 부족해졌습니다. 경제학은 기본내용을 확실하게 다지고 문제풀이 들어가야 한다고 생각합니다. 경제학이 다른 과목보다 많이 떨어집니다. 다시 시험보고 싶습니다.

경제학을 나름 열심히 한다고 했는데, 이번에 점수가 생각보다 잘 안 나와서 생각해 본 결과 작년에는 시험이 쉬워서 점수가 나왔는데 조금만 어렵게 나오니까 점수가 확 떨어지더라구요. 정말! 기본을 탄탄히 하는 게 중요할 것 같아요~.그리고 저는 마지막에 정리할 때 과목별로 수첩을 만들어서 중요한

것들 특히나 안 외워지는 것들을 적어서 그걸로 마지막 정리를 했는데 그게 큰 도움이 됐던 거 같아요.~

이건을 그전에 공부할 때 했더라면 조금 덜 고생할 수 있었을 거라는 생각이 드네요.

back to the basic!

시험 치르고 나서 가장 먼저 든 생각이었습니다.

기본서에 좀 더 충실할 걸...특히 한국사와 행정학의 경우(상대적으로 수험 준비기간이 짧아서) 거의 모의고사로만 마무리를 해서 작년에 비해 쉬었다고 하는데도 체감난도가 상당히 높았습니다. 기본서를 충실하게 보는 것이 수험의 시작이자 끝이라는 생각이 들었습니다.

헌법 행정법의 경우 기본도 없고 수험기간 동안 너무 힘들게 한 과목이었습니다. 시간이 없어서 기본서도 못보고 바로 족보책(황남기 선생님)+OX(토나오게 풂) 두 과목 모두 선방했습니다.

시험 두주 전에 전범위 모의고사 7과목 강의를 매일 모의고사 형식으로 실제 시험시간에 맞춰 푼 것이 실제 시험시간관리에 무척 도움이 됐습니다.

국어랑 영어는 아무리 시간이 없어도 아침에 시간 내서 꼭 모의고사 1회 내지는 반회 정도씩 풀기!(일주일에 2,3번)

한자 영어 단어 소홀히 하지 않기

경제학은 약한 사람일수록 까먹지 않게 기본개념일수록 철저히 읽어보고 이해하기...(어려운 문제는 안 내는 것 같음) 법 과목은 문제 풀 때 유난히 틀리는 지문은 바로바로 노트에 정리해 두기(진도 순서대로! 마지막까지 볼 수 있도록!)

(헷갈리는 판례라든가 기본인데 순간순간 헷갈려서 틀리는 문제 있는데 그런 건 특히 꼭 정리해두기. 시험장에서 똑같이 헷갈림 ㅠㅠ...예를 들면 나 같은 경우...공법상 계약 ㅠㅠ)

마지막에 꼭! 최신판례 정리하기. 이번에 황남기 선생님 최신판례특강 둘 다 들었는데 진짜 도움 많이 받았다.

도움 됐던 건 두세 달 전부터 7급 모의고사 OMR다운받아서 친구랑 매주 모의고사 7과목 구해서 시간 재서 푸는 연습 계속했는데 그게 마킹 실수 줄이는데 도움 많이 됐음. 마지막에 기본서보다 문풀 위주로 돌린 게 도움 됐어요! 문제 풀 때는 꼭 시험시간보다 줄여서 빨리빨리 푸는 습관들이세요! 대신 풀이는 꼼꼼히 하세요!!

그러면 시험장에서 시간배분 실패해서 급하게 풀어 실수확률 많이~~줄어들어요!!

시험 본 후

시험 본 후 사람들과 이야기를 해 보니 놀랍게도 '책이 다 이해가 안 되어' 문제를 못 풀고 있다는 사람이 많았다. 이런 분들에게 수험을 하지 말고, 강의를 하시라고 조언하고 싶다. 우리가 합격을 위해 해야 할 것은 책을 이해하는 것이 아니라 문제를 많이 맞히는 것이므로 책이 다 이해될 때까지 망설일 것이 아니라 가급적 문제풀이에 들어가야 한다. 정 불안하다면 문제풀이를 통해 책 내용을 이해해야 하겠다는 마음이라도 가져야 할 것이다. 다만 암기는 그때그때 해야 한다. 외울 것이 많아져서 나중에 몰아서 하려면 헷갈리기도 하고 암기할 분량에 치이기 때문에 미루지 말고 외워두는 것이 좋다.

황남기와 시행착오없이 **한방**에 **끝**

제 8편

왜 황남기 스파르타 반인가?

언론에서 바라본 '황남기 스파르타반'

'스파르타반이 있었기 때문에 단기합격을 했다.', '무조건 황남기 스파르타반만이 합격으로 가는 지름길이다' 등의 합격수기가 기하급수적으로 늘어나고 있다. 그렇다면 '황남기 스파스타반'이 다른 곳과 다른 점이 무엇이기에 이렇게 절대적인 평가를 얻을 수 있는 것일까?

언론과의 인터뷰를 통해 '왜 꼭 황남기 스파르타 반인가?'에 대한 질문에 답을 들어보는 시간을 가졌다.

Q 모방할 수 없는 공부분위기라는 것이 의미하는 것은 무엇인가요?

먼저 '황남기 스파스타반'의 가장 큰 특징이자 강점은 바로 '모방할 수 없는 공부분위기'가 조성된다는 점입니다. '황남기 스파스타반'은 합격할 수준에 있는 수험생들이 모이기 때문에 이제 7급 합격은 황남기 스파르타반 내 경쟁이라고 볼 수 있습니다. 합격할 수 있는 수험생들과 경쟁하면서 공부를 해야 합격할 수 있습니다. 합격가능권에 있는 수험생들이 만들어 낸 절대적인 공부분위기, 이것이 바로 '황남기 스파스타반'만이 갖는 모방할 수 없는 공부분위기입니다. 이름은 모방할 수 있어도 학습분위기는 모방할 수 없습니다.

Q 합격을 위한 필수요소란 무엇이며, 각 요소별로 어떻게 이루어지나요?

절대적인 공부 분위기 속에서 합격을 위한 필수 요소와 스파르타의 만남이 바로 '황남기 스파스타반'이라고 할 수 있습니다. 합격을 위한 필수요소는 이해, 정리, 암기, 문제풀이훈련, 생활의 단순화 등 5가지입니다.

각 요소별로 보면, 우선 학원 동영상 강의 프리패스 지원을 통해 이해를, 합격자 Sub-Note를 통해 정리를, 암기는 과목별 암기왕 선발대회, 훈련용암기용 Training 자료제공을 통해, 문제풀이훈련은 문제풀이 토요캠프(Death-camp), 기출문제풀기 캠프, 모의고사 등으로, 생활의 단순화는 시간 관리, 열공할 수 밖에 없는 분위기로 이루어져 필수요소 5가지를 충족시킵니다.

Q '황남기 스파르타반'의 학습계획은 어떻게 세우나요?

'황남기 스파르타반'은 황남기 선생님이 직접 세운 학습계획서에 따라 공부합니다. 이때 학습계획서는 단순히 책상에서 만든 학습계획서가 아닌 수많은 합격생들을 배출해 내면서 집단지성이 만든 7급과 9급 시험에 특화된 최적의 학습계획서입니다. 물론 이러한 계획서는 자신의 수준에 따라 상담을 통해 학습계획을 수정할 수 있습니다.

2016 스파르타반 국가직 9급 대비 60일 합격캠프 일정

2016년(병신년) 2월

사랑하는 것은 천국을 살짝 엿보는 것이다. - 카렌 선드
배우면서 생각하지 않으면 어둡고, 생각하면서 배우지 않으면 위태롭다.-논어

일	월	화	수	목	금	토
	1	2	3	4 입춘	5	6
	한국사 및 선택 1					개인정비 및 휴식 부족과목 개인 보충
7	8 1.1설날	9	10 대체휴일	11	12	13
죽음의 캠프 한국사 오전 07:30 ~ 오후 10:00	한국사 및 선택 1		한국사 및 선택 2			개인정비 및 휴식 부족과목 개인 보충
14	15	16	17	18	19 우수	20
죽음의 캠프 선택 1 오전 07:30 ~ 오후 10:00	한국사 및 선택 2				5과목 실전 모의고사 부족과목 개인 보충	개인정비 및 휴식 부족과목 개인 보충
21	22 1.15보름	23	24	25	26	27
죽음의 캠프 선택 2 오전 07:30 ~ 오후 10:00	한국사 및 선택 1					개인정비 및 휴식 부족과목 개인 보충
28	29					
죽음의 캠프 한국사 오전 07:30 ~ 오후 10:00						

7급 [ ] 순환 계획표(15년 11월~16년 10월)

일시 / 과목	11월	12월	1월	2월	3월	4월	5월	6월	7월	8월	9월	10월	수험서
영 어													
국 어													
한국사													
헌 법													
[ ]													
[ ]													
[ ]													
강 의 수강계획													

황남기 스파르타반 http://cafe.daum.net/hngsparta

9급 [ ] 순환 계획표(15년 11월~16년 6월)

일시 / 과목	11월	12월	1월	2월	3월	4월	5월	6월	수험서
영 어									
국 어									
한국사									
[ ]									
[ ]									
강 의 수강계획									

황남기 스파르타반 http://cafe.daum.net/hngsparta

Q 기출문제는 어느 정도의 양을 푸는지요?

문제풀이 Camp를 통해 이틀 만에 1,000페이지가 넘는 기출문제를 풀 수 있습니다. 하루에 1,000문제 풀기에 도전, 나아가 1년 전과목 기출문제 10회독 도전을 하면서 기출문제들을 정복해 나갑니다. '혼자하면 할 수 없어도 같이하면 할 수 있다'는 것이 문제풀이 Camp의 취지입니다.

Q 'Pace-Maker'라는 건 무엇인가요?

'Pace-Maker 페이스 메이커'란 중거리 이상의 달리기 경주나 자전거 경기 등에서 기준이 되는 속도를 만드는 선수를 일컫는 말입니다. '황남기 스파르타반'에서도 공무원시험 수험과정을 하나의 경주라고 보고, 스파르타 면학 분위기 조성을 위한 페이스 메이커를 선발합니다.

매달 모의고사 성적과 평소 생활 성실도를 토대로 선발(OMR제출자에 한함/ 출결, 태만벌점 반영)된 Pace-Maker에 대해서는 입실료 10만원 할인, 매달 황남기 선생님과 식사 및 상담 등의 혜택이 주어집니다.

Q '황남기 스파르타반'의 전통이 있다는데, 무엇인가요?

'황남기 스파르타반'의 전통은 바로 합격생과의 지속적인 소통입니다. 공무원 합격의 신(공격신) 카페를 통해 수험을 상담할 수 있도록 하고 이 외에도 합격생 스터디를 통한 수험 방향 설정, 합격생의 합격 노하우 전수, 합격자 Sub-Note 등 수험 전반적으로 이뤄지는 합격생과의 소통은 다른데서는 쫓아갈 수 없는 '황남기 스파르타반'만의 전통이자 강점입니다.

허○○(회계직 7급) 행정법 각론 스터디

- 일정 : 1/25(월)~30(토) (18시간) / 10시~13시
- 신청일 : 1/19(화) / 11시 30분
  1관 사무실 신청 (선착순)
- 장소 : 1관 4층 자습실

전○○(일행직 7급) 수험 상담 신청

- 일정 : 1/6 (수)
  13시~15시 (선착순 5명)
  15시~17시 (선착순 5명)
- 장소 : 1관 대형스터디룸

Q **'스파르타' 속에서도 '소통'을 중시하는 것 같네요.**

네. 선생님과 수험생, 수험생과 합격생과의 소통 외에도 합격 후에도 그 소통은 이어집니다. 필기 합격 후 면접 대비 스터디, 최종 합격 후에 이어지는 합격자 커뮤니티, 입부 후에도 각 부처에 있는 서로에게 도움을 주고받을 수 있는 인적 네트워크가 이뤄지고 있습니다.

죽을 만큼 힘드나 끝나면 뿌듯하다. 'Death Camp'

'황남기 스파르타반'에서 운영하는 프로그램 중 수험생들의 가장 뜨거운 반응을 받고 있는 것이 바로 죽음의 캠프, 'Death Camp'다. '공부를 한 것 같지가 않다. 70점 벽에 막혔다. 진도가 너무 느리다. 그 과목을 할 때만 점수가 나온다. 너무 불안해서 잠이 안 온다'는 수험생들의 고민을 한 방에 날릴 수 있는 해결책으로 우뚝 선 'Death Camp'.

왜 Death Camp일까? 'Death Camp'를 경험한 수험생들의 수강후기들을 보면 그 답을 찾아 볼 수 있다.

'평소에 3일 동안 풀 양을 3시간 만에 풀었다.', '어느새 기출문제집 한 권이 끝나있더라', '가장 큰 보람은 무언가를 끝을 봤다는 성취감!', '혼자라면 절대 해내지 못 할 분량을 풀었다', '데스캠프에 참여해서 기출 1회독을 하니 일주일동안의 방향이 잡히고, 문제풀이 습관도 바로 잡을 수 있어서 정말 도움이 됐다'……

황남기 선생님은 '수험생들에게 가장 실질적으로 도움을 줄 수 있는 프로그램'이라고 단언했다. 'Death Camp', 과연 어떠한 방식으로 이뤄지고 있는 것일까?

Q 'Death Camp' 시간에 무엇을 하는 건가요?

'Death Camp'는 세 가지 세부 캠프로 나뉠 수 있습니다. 기출 Death Camp, 모의고사 Death Camp, 최종 Death Camp입니다. 먼저 기출 Death Camp에서는 모르거나 애매한 지문을 체크하고 어떤 부분을 보충해서 공부해야 할 것인지를 결정합니다. 이 때 모른다고 해설을 봐서는 안 됩니다.

두 번째 모의고사 Death Camp에서는 주 교재에서 보지 못했던 지문들을 체크합니다. 같은 내용이지만 다르게 표현하고 있는 지문 또한 체크를 한다는 것이 주요 포인트입니다.

마지막으로 최종 Death Camp에서는 옳지 않은 단어나 문장과, 옳은 단어와 문장을 비교하면서 읽고 또 체크된 지문을 반복적으로 읽으면서 암기합니다.

Q 복습 · 정리 시간에는 무엇을 하나요?

각 캠프마다 복습 · 정리시간을 꼭 가져야 하겠죠. 기출 Death Camp에서는 부족한 파트의 기본서나 족보를 시간을 들여서 공부하고 애매한 지문을 해설을 보면서 익힙니다. 기출 3회독 째부터는 해설은 보지 말고 옳지 않은 부분이 어떤 부분이고 옳게 고치려면 어떻게 고쳐야 하는지만 확인하면 됩니다.

모의고사 Death Camp에서는 모의고사에서 체크한 지문을 해설을 보면서 확인합니다. 이와 함께 기본서나 요약서에 단권화 작업을 진행하게 됩니다.

최종 Death Camp에서는 애매한 지문만 반복해서 봅니다. 틀린 지문을 옳게 고쳐 놓고 보고 또 보는 과정을 통해 철저하게 복습 · 정리하는 시간을 갖습니다.

Q Death Camp 안에서 특별히 주의해야 할 사항이 있나요?

먼저 문제를 풀 때 가장 주의해야 할 점이 시험장이라고 생각을 하고 문제를 풀어야 한다는 것입니다. 또 애매한 지문을 꼭 체크를 하고 쉬는 시간에 답은 볼 수 있으나 해설을 보지 말아야 합니다.

반면 복습 시에는 해설을 이해하려고 하지 말고 옳지 않은 지문에서 어느 부분이 어떻게 틀렸는지만 보고 지나가야 합니다. 또 애매한 지문 중 올바른 지문은 암기를 꼭 하고 지나가야 합니다. 정리노트를 만들 때에는 양을 10페이지를 넘기지 않을 것을 당부합니다.

이 외에도 Death Camp 일주일 캠프가 끝나고 많이 틀렸던 파트 위주로 기본서나 요약서를 정독해야 합니다. 최종정리 Camp시에는 틀린 지문을 옳게 고쳐 놓고 비교하면서 읽고 계속 읽으면서 암기해야 한다는 점도 꼭 주의해야 합니다.

Death Camp를 진행하면서 쓴 황샘의 일기

설날 연휴 시작하는 일요일이었습니다. 그러나 데스캠프는 더 뜨거워졌고, 저번 주 옮겼던 큰 강의실마저 가득 채웠습니다. 겨우 한 달 만에 작은 손불에서 걷잡을 수 없는 산불로 커져가고 있습니다. 그 사이 여러분도 변했고 저도 많이 변했습니다. 한 달 만에 '한번 해 보자'에서 '정말 되네'로 이젠 이것 밖에 없다는 확신이 생겼습니다. 사실 제일 신난 건 저였는지 모르겠습니다. 기획하고 노력하니 상상했던 것이 실현이 되는 한 달이었습니다. 그동안 노력해도 그대로 머물러 있던 여러분은 답답했을 터이고 저로서는 안타깝고 때론 화도 났습니다. 그러나 '많은 수험생들이 변했고, 변해가고 있는 희망을 발견한 한 달'이었습니다. 제대로 공부할 줄 아는 수험생이 서로에게 얼마나 도움을 줄 수 있는지, 같이 공부하는 것의 놀라운 효율성을 느끼는 한 달이었습니다. 이제 방향은 잡아 가고 있습니다. 더욱 박차를 가해 일취월장하고 점수로 말하는 스파르탄들이 되었으면 합니다. 새해 소원성취 기원합니다. 내일 설날 7시30분에 봅시다. 설날도 시간 준수합시다. 시간준수는 우리들의 자존심입니다.

-2016년 2월 7일, 황남기

설날 데스캠프도 찐하게 끝났습니다. 데스캠프를 통해 우리 사회에서 아스라이 사라져가는 가치를 현실로 불러들이고 있습니다.

우리는 혼자가 아니다. 같이 더불어 살아야 한다. 우리는 옆에서 묵묵히 공부하고 있는 존재가 얼마나 고마운 줄을 배우고 있습니다. 소음을 내고 코를 훌쩍거려 공부를 못했다고 하여 가장 날카로운 말로 상처를 주는 쪽지 대신, 숨도 안 쉬고 공부해 준 이름 모를 당신 때문에 오늘 제대로 공부하게 해 줘 감사하다는 전하지 못한 말을 담고 따뜻한 마음으로 데스캠프를 마쳤습니다. 더불어 산다. 아니 더불어 살아야만 한다. 내가 살기 위해서라도 더불어 같이 살아야 한다. 수험생은 고립된 생활을 하게 됩니다. 피폐된 삶에서 시작되는 배려할 줄 모르는 거친 마음, 온통 적이 되어 버린 세상으로 빠져들기 십상입니다.

그러나 우리는 데스캠프를 통해 같이 공부하는 것의 놀라운 효율성을 경험했습니다. 혼자라면 상상도 못했던 문제를 같이한다는 이유만으로 풀고 있습니다. 참 신기하지 않습니까? 특별히 도와주는 것도 없는데 같이 같은 문제를 풀고 있다는 사실 만으로 이런 속도로 문제를 풀 수 있다니. 누군가는 오늘 열공하는 당신을 보고 슬럼프에서 벗어나 지친 마음을 다독이고 수천 문제를 풀었을 겁니다. 당신이 누군가를 보고 그러했듯이. 그러니 오늘 하루 당신은 누군가에게는 소중한 존재였던 겁니다. 우리는 데스캠프를 통해 공동체의 소중함, 같은 길을 가는 동료에 대한 고마움을 배웠습니다.

데스캠프를 통해 설레는 마음으로 새벽을 시작하고 뿌듯한 마음으로 하루를 마무리 할 수 있었습니다. 희망 있는 아침은 자명종 없이도 거뜬하게 일어납니다. 데스캠프를 통해 희망을 보았습니다. '이렇게 하면 될거야'라는 느낌, 아니 이제는 확신이 생겨났습니다. 저는 대학 4년을 뿌듯한 마음으로 별을 보며 집에 걸어가곤 했습니다.

그 기쁨을 오래 느끼고 되새김질하기 위해서 먼 길을 걸어 집에 가야만 했습니다. 가장 행복했던 나날이었습니다. 그 뿌듯한 마음이 도서관으로 새벽마다 가게 만들었고, 도서관 4년 붙박이 생활이 오늘의 나를 만들었습니다. 대학 졸업 후 고시공부를 시작했는데 대학생활에 만들어진 습관, 자신감으로 쉽게 넘어 갈 수 있었습니다. 정말 이름 그대로 죽을 만큼 힘들다던 데스캠프를 뿌듯한 마음으로, 더 없이 환한 얼굴로 돌아가는 스파르탄들을 보면서 그때 각인된 느낌이 살아나고 있습니다.

최근 고맙다는 말을 너무 많이 들어 행복하기도 하지만 실상 고마워해야 할 사람은 저인 것 같습니다. 20대의 나로 돌아가게 마법을 부려준 여러분에게 말입니다. 다들 힘이 들 겁니다. 그러나 데스캠프를 한다면, 희망을 본다면, 뿌듯한 마음으로 하루를 마무리할 수 있다면 긴 여정의 끝을 볼 날이 얼마 남지 않았습니다. 오늘 뿌듯한 마음으로 집에 돌아가고 있습니까?

우리는 데스캠프를 통해 자신을 성장시킨다는 의미가 무엇인지 배우고 있습니다. 열심히 한다고 했는데 점수는 70점대를 벗어나지 못하고 있었습니다. 나름 발버둥친 것 같은데... 고민만 늘고 불안만 가중되고 있었습니다. 그 답을 우리는 발견했습니다. 데스캠프하다. 이것이 고민과 불안대신 희망과 확신을 주었습니다.

일요일에 평일보다 눈이 빨리 떠지고 천근만근 같았던 겨울의 몸뚱아리가 가뿐해져 벌떡 일어나게 됩니다. 물론 초콜릿 중독에 체중은 늘었지만 말입니다. 이 정도면 데스캠프 중독이 시작된 겁니다. 그러나 한 달의 데스캠프를 통해 몇 년 동안 용을 써도 변하지 않았던 문제 푸는 속도가, 점수가 변하기 시작했습니다. 놀라운 경험이었습니다.

올바른 방향, 일관성 있는 노력, 고통과 고통을 이겨내는 인내, 좀 더 있으면 배우게 되는 완급조절능력, 이것들이 능력을 향상시키는 요소입니다. 그러나 이것만으로는 안 됩니다. 왜냐하면 너무 힘들어 연속적이지 못하고 단절되기 때문이죠. 그래서 내 옆에 페이스메이커가 있어야 합니다. 그리고 매일 뿌듯한 마음으로 집에 가는 중독현상도 필요합니다. 황남기 스파르타반 데스캠프는 이 모두를 갖추고 있습니다. 데스캠프를 통해 자신의 능력을 향상시킵시다.

– 설날에 스파르타반과 함께 한 황남기

황남기

스파르타 공부방법론

초판 1쇄 발행 2015년 1월 30일
개정 1쇄 발행 2016년 2월 29일
지은이 황남기
발행인 이향준
발행처 (주)법률저널
등록일자 2008년 9월 26일
등록번호 제15-605호
주소 151-862 서울 관악구 복은4길 50 (서림동 120-32)
대표전화 02)874-1144 **팩스** 02)876-4312
홈페이지 www.lec.co.kr
ISBN 978-89-6336-246-5

정가 15,000원